U0555076

素描舒同

五歲習字一志專勤學苦練
基本功師古二王及顏柳生
字隸篆皆精通再加半分何
紹基七分半去創新風圖融
貫通朱舒矯揚步書壇立一宗

李嵐清
丙申歲末

"百年巨匠"素描 / 李岚清 绘

百年巨匠

Century Masters

舒　同

舒安◎著

文物出版社

图书在版编目（ＣＩＰ）数据

舒同 / 舒安著． —— 北京 ：文物出版社，2018.6
（百年巨匠）
ISBN 978-7-5010-5181-6

Ⅰ．①舒… Ⅱ．①舒… Ⅲ．①舒同（1905-1998）-
传记 Ⅳ．①K825.72

中国版本图书馆CIP数据核字(2017)第183893号

百年巨匠·舒同

著　　者	舒　安
总 策 划	刘铁巍　杨京岛
责任编辑	张朔婷
封面设计	子　旃
责任印制	张道奇
责任校对	陈　婧
出版发行	文物出版社
社　　址	北京市东直门内北小街2号楼
网　　址	http://www.wenwu.com
邮　　箱	web@wenwu.com
制版印刷	北京图文天地制版印刷有限公司
经　　销	新华书店
开　　本	710×1000　1/16
印　　张	17.25
版　　次	2018年6月第1版
印　　次	2018年6月第1次印刷
书　　号	ISBN 978-7-5010-5181-6
定　　价	59.80元

宣传巨匠推广大师 为时代树立标杆

蔡武

文化部原部长 《百年巨匠》总顾问

　　文化精品创作工程包括重大出版工程、影视精品工程。《百年巨匠》就是跨界融合的一个重大文化工程，它深具创意，立意高远，选题准确、全面，极富特色，内容精彩纷呈，内涵博大精深，基本涵盖了我国 20 世纪这一特定历史时期在文学艺术方面的成就及其代表人物。它讲述的不仅仅是各位巨匠的传奇人生，更是他们的文学艺术成就同民族、国家，同历史、文化，同当代世界，同 20 世纪风云激荡的年代，以及同人民的命运都是紧密相连的。他们的成就对整个社会产生了重要而深远的影响。因此，立足 21 世纪的当今，系统全面科学解读巨匠人生与大师艺术，有着特殊而积极的意义，是社会和时代的要求。

　　作为一个有影响力的文化品牌，《百年巨匠》的表现形式也是多样的。《百年巨匠》丛书和纪录片互动互补，是出版界与影视界的跨界合作与融合发展，形成了叠加影响和联动效应，进一步丰富和扩大了品牌的内涵和外延。在信息社会"四屏"时代，用这样的一种方式来表达重大深刻的主题，具有重大的创新意义，是对中华优秀文化传承发展进行创造性转化、创新性发展的成功探索。体现出强烈的历史感、时代性、民族性，具有鲜明的中国特色，必将产生深远的影响。

一个民族自立于世界民族之林，离不开民族的自信心与自尊心。而民族的自信心和自尊心有其思想基础和人文轨迹，即对民族文化的重要代表人物和优秀传统应当有比较全面的了解并进行广泛传播。一个国家的历史需要记录，文化艺术同样如此。《百年巨匠》丛书秉承文献性、真实性、生动性原则，客观还原大师原貌，以更为宏阔的历史维度对大师们所经历的时代给予不同视角的再现和解读，为读者开启一扇连接20世纪中国近现代文化艺术史的大门。

　　巨匠们的艺术成就、人生经历、精神高度，彰显了中华民族文化在这个时代所能达到的高度，不仅有文学艺术上和文化史上的价值，而且有人文思想美学上的划时代性贡献。《百年巨匠》可以增强我们的文化自信和实现中华民族伟大复兴的意志。

　　《百年巨匠》还有一个重要意义，它能够激励我们后来人砥砺奋进，勇攀高峰。这些文化艺术巨匠有着深厚的爱国情怀和强烈的民族责任感，他们将个人荣辱兴衰与国家、民族命运联系起来，用文化艺术去改变现实，实现理想。在新旧道德剧烈冲撞中，他们所表现出来的高风亮节是后来人的楷模。他们所传导出的强大正能量，会激励一代又一代广大读者，对促进我们整个民族新一代的教育与成长，有着非常重要的启迪意义。他们的精神是引领和鼓舞我们再出发的航标与风帆。

　　《百年巨匠》也给了我们很多的启示，可以帮助我们回答和破解"钱学森之问"。20世纪产生了那么多的大师，新世纪、新时期我们应该如何助推产生出新的大师？这些巨匠的成长轨迹给我们揭示了大师们成长的规律，如要深具家国情怀，要胸怀高远理想；要深深扎根于人民，与人民同呼吸共命运；既继承民族优秀传统文化，又要勇于创新；并以非常包容的心态去拥抱一切文明成果等。

《百年巨匠》仅反映了20世纪百年的文化形态和人文生态，我们应该把这个事业延续下去，面向21世纪。对艺术大师的发掘是通过他们的作品来体现的，而他们的作品既是中华文化的传承，又进一步丰富、创新了中华文化的构成。从这个意义上讲，宣传这些艺术巨匠就是弘扬中华文化。这些艺术巨匠作为中国名片，拥有较强的国际影响力，这一工程的推进，可以有效推动中华文化和中国出版走出去。不仅仅局限于艺术领域，还可以从广度上、外延上扩大至整个文化领域，甚至把科技、教育等领域的巨匠们也挖掘展示出来。

一个国家文化事业的繁荣与发展，既需要广大艺术家的努力，也需要大师巨匠的引领。宣传巨匠，推广大师，为时代树立标杆，无疑是我们责无旁贷的历史责任。巨匠之所以是巨匠，大师之所以能成为大师，是因为他们以具有强烈时代感和创新精神的作品站在了巅峰。而他们巨作的背后，是令人钦佩的工匠精神，这种工匠精神的发掘和弘扬在当下具有重要的现实意义。同时，这百年的文学艺术史已有的众多成果，从学术上也要系统总结。而长期以来一直困扰我们的一大难题，就是如何把这些重要的学术研究成果进行转化和再创造，使之成为可被大众接受、雅俗共赏的精品佳作。从这个意义上讲，《百年巨匠》丛书的出版也是非常值得赞许的。

当前，我们的文化艺术事业虽然取得了长足的进步，但是相对于时代的重任，人民的厚望，尚有作品趋势跟风、原创性匮乏、模仿严重等问题，希冀大家在《百年巨匠》作品中得到更多的启迪和感悟。

我们国家正处在重要的历史时期，为我们文艺创作提供了丰沃的土壤和广阔的空间。中华民族的伟大复兴，呼唤一切有为的文艺工作者，为繁荣中国特色社会主义文化、建设社会主义文化强国，奉献毕生的才华和创作热情，将高度的社会责任感和历史使命感化作文艺创作的巨大动力，创作出无愧于时代、无愧于祖国和人民的优秀文艺作品，让我们这个时代的文艺创作异彩纷呈，光耀世界。

目 录

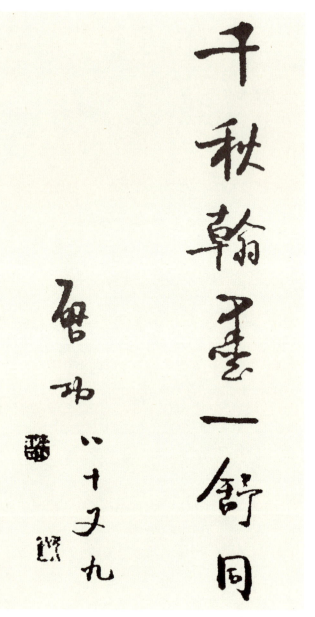

千秋翰墨一舒同

启功 八十又九

20世纪之初，二哥关关为拍摄专题片《舒同》访启功先生请题片名，八十九岁的启先生笑道："这个题目好，文辞对仗，意思也贴。"欣然题写：千秋翰墨一舒同。

千秋翰墨一舒同

你是出自有着"书圣"与改革家历史足迹的抚州乡间的一位令众人惊异的书法"神童",

国难当头,清正少年变身热血书生,

在"大革命"风云中你显露才情推波助澜走向高峰!

却又在反革命的血雨腥风中遭通缉化名潜伏 ——

最终找到红军,参加了自己的队伍。

你从戎却从未"投笔",走上了"革命加书法"的人生 ——

"舒"天地正气,"同"苍生希骥,

你的一支如椽巨笔纵横挥洒终生 ——

写在长征路上,雪山草地;写在赣水湘江,长江黄河;

写遍祖国的万水千山,长城内外……

你写出了倒下的和永远在前进的红军战士的军魂,

写出了八路军、新四军军旗猎猎,抗日、解放烽烟滚滚,

写出了人民军队三大纪律八项注意的军风,

写出了祖国保卫建设者、人类和平维护者的炽情,

写出了"中国人民站起来了"的豪气!

你是毛泽东主席称赞的"马背书法家",

你是感动了萧之葆老翰林的"党内一支笔",

你是一位终身服役却从未授衔的老兵,

你是我党、我军杰出的政治工作者,

你是公认的引以为豪的"红军书法家"。

在你的笔墨神韵中,

人们看到了革命战士的英姿,

劳动人民的身影,知识精英的风采。

看到了一个时代的精气神!

你是为党和人民军队、革命政权写下过无数条例、规章、守则、报道、檄文、社论、文章、报头、标语的革命的"书童"。

你是为人民服务的小毛驴、千里驹。

你是含辛茹苦、披荆斩棘的新君子人格的人民公仆,

既能委曲求全,也能"当仁不让",

既能勇担重责,也能没二话主动让贤。

也曾身陷泥沼,跌倒了自己站起来,

也曾忍辱负重,更潜心墨海耕耘,

也曾"文革"被囚,最终拍案而起!

又曾沐浴春风,高擎起中国书协大旗!

还曾东临扶桑,续写出中日关系史上"备忘录"①的新篇章,

更与各地书家协力推动形成了全国的"书法热"!

---

① 见本书第七章、第十七章。

你写出融合传统精华又浸润时代精神的"舒体"：

外柔内刚、大气如云、雄阔如虹，

妩媚多姿、变化自如，张合有度，

含蓄内敛，包容自然，雅俗共赏。

书中堂、五言联

成为开一代新书风的旗帜，

成为"一代宗师，吾党之荣"①。

你最终退辞功名，化作春泥护花，

但人们仍写着你的字体，弘扬你的艺术。

写今天不忘初心，永在长征路上的宏图。

抒一带一路开拓者的壮志豪情！

因为"老兵忘不了舒同将军，

山东忘不了舒同书记，

书家忘不了舒同大师，

他永远活在我们心中。"②

你是"革命加书法"的"千秋翰墨一舒同"！

舒安

2017.3.24

———————

① 1994 年，中国文联执行主席曹禺题贺。
② 迟浩田将军题"纪念舒同诞辰 110 周年座谈会及舒同舒安书画展"。

二十世纪八十年代初，第二次全国文物普查时，工作人员在江西省东乡县杨桥店镇，一个晚清乡绅的后代家里，发现了一块保留了九十多年的牌匾。经辨认，上面的榜书是舒同题写的，题写时间应该在一九二二年左右。这是迄今为止，我们看到舒同最早的书法作品。

"杖国延年"

《麻姑仙坛记》碑刻

江西抚州，物华天宝，人杰地灵，自古有着深厚的文化底蕴。书圣王羲之曾在此为官，留下《临川帖》，唐代颜真卿曾为抚州刺史，留下"天下第一正书"《麻姑仙坛记》，宋代这里更出了大改革家王安石。谢灵运、文天祥、陆游、汤显祖都曾在此出仕或流寓，形成丰沛的文化渊源。

1905年，舒同出生在抚州市东乡县，父亲舒仁兴是位农民，在东乡县城孝岗城郊租种几亩薄田。农闲时节，舒仁兴就挑着一副剃头担子，走村串户为人剃头刮脸梳辫子。舒仁兴粗通文墨，懂得一些兽医知识，兼给农民的病畜看病，做"牛经济"。母亲乐洋红为东乡县菇畲村人，中等个子，胖胖的脸庞，深明事理，能做一手道地的江西风味菜肴。清朝末年，内忧外患，舒仁兴生了一场大病，不能下田劳动，更无法徒步到各地为人理发，无奈之下，用平时省吃俭用积攒的钱，租了孝岗临街口的三间瓦房，开了一家客店，由乐洋红独自打理。

关于舒同的出生，因为青年离家，父母早故，独子单传，后来盛名之下，他去世后竟然有几种完全不同的说法，难以确定真伪，更增加了神秘色彩。人世间有些事，也许未必都能说得清的。

但用他自己的话说："横直我是东乡人。"

1911年，舒同5岁了，舒仁兴夫妻为儿子的前途早早操起了心。舒同曾回忆父母对自己的期望：

> 那时我家里在东乡街上开了个饭馆子，父亲是个剃头工人，母亲也是个很穷的人家的女儿，常受人欺侮。我家住的房子就是租的"二先生"的（后搬到另一个地方去住了），我那母亲是一个很和善的人，受人欺压，都不敢讲什么，忍气吞声。而我父亲却不同，他常咒骂那时的社会不公平，并讲，无论怎么样，也得让我念书。他的意思是因为受了地主的欺压，想让我读了书好出口气。于是，我父亲就借钱让我读书了。
>
> 我的启蒙老师姓杨，江西东乡人，教我们念书写字非常认真。我知道父母供我读私塾很不容易，就好好用功念书。杨先生教我们描红。我们三四个小学生围在一个大方台四周，趴在台子上描红。我的几个小师兄用毛笔蘸上墨去涂满空笔画的框子。我想："写字，写字，字不是用笔写出来的吗？怎么能乱涂呢？"于是，我就学着老师的样子，用笔蘸上墨，在砚台上润好，顺着空格慢慢描，一撇一捺都想跟描红本上的一模一样。杨先生见此情景，就摇头晃脑地夸奖我聪明，并把着手教我写字。

舒同所在的"义学堂"，位于东乡县城西南2里，周围红石山岗分成九道条埂，朝向一丸石山，形似九龙戏珠，故名"龙山"，又

东乡会龙岗刻石

称"会龙岗"。岗上平坦，建有"会龙庵"。庵前置有巨型铁铸化钱炉，侧立八角亭。

清道光三年（1823年），东乡知县吴名凤根据举人吴士杭的建议，请各绅耆富户捐助，在阜城门外的龙山创建"汝东书院"，1826年建成，以后几经盛衰。汝东书院办有一所"义学堂"，山下周围有上百亩"义学田"，收来的租谷，全部作为办学之用。

龙山东南石窦中渗出一眼清泉，从古至今从未断流，称为"会龙泉"，泉眼上方刻有"师水"二字。据说，过去学子应试之前，都要饱饮一顿泉水，才能取得优异成绩。吴士杭发现龙山脚下酒馆用师水酿制的美酒，清澈如镜，醇香扑鼻，不禁喜出望外，开怀畅饮，并于醉后题诗："独有此泉最幽旷，石气清清碧泓涵。冷香一线透山骨，明珠进裂抽瑶簪。"东乡县令武柱国每到此游玩，都要喝一次用泉水煮的香茶，才依依不舍地下山。武柱国异常留恋会龙泉，在离任十余年后的康熙三十七年（1698年），仍邮来"师水"二字。康熙五十二年（1713年），知县朱旋请人将字刻在泉眼边的石壁上。从此，泉眼有了一个发人深省的名字。石壁上还刻有康熙十八年（1679年）

知县鲁镳手书的"洗耳听天籁"。另外还有清末余姓典史题刻的"留客听山泉"。这些古代书法家的笔迹，笔力遒劲，风格各异。

少年舒同经常到"师水"泉边喝水，听老人讲"龙山师水"的故事，也仔细观看石壁上的题字。后来，舒同与进步青年李井泉等人在抚州三师创办《师水声》刊物，传播新文化，宣传新思想。舒同晚年更自北京寄情乡里，挥笔写下"龙山师水总难忘"的佳句，为胜地增添色彩。

我们那一带的知名人士梁翘老先生听说我很喜欢写字，就主动收我为徒，并对我特殊优待，不要我每月都交束修（学生向老

书"龙山师水总难忘"，怀念故乡 1984年

师交的礼物），还让我在那里吃饭。这位梁老先生极有学问，特别是写得一手漂亮的毛笔字。他不仅认真教我念书，还每天让我们写大字，教我练各种笔体的字。是他和我的启蒙老师杨先生，特别是梁翘梁老先生把我领上了书法艺术之路，我一生都对他们感激不尽。

舒同总结了自己初学书法的经验，概括为12个字："先摹后临，楷书起步，循序渐进。"

就是选好字帖，亦步亦趋地把帖字摹下来，并在反复练习中掌握帖字的间架、结构之后，再行"临帖"。可以对帖临字，也可以背帖临字。作为初学，一定要从楷书入手，打好基础，切忌"走捷径"，搞"飞越式"。有必要学一学古人严谨的治学态度，学好第一步，学精每一步。

谈到练习书法，我觉得至少包括两个方面：一是学技巧，二是练毅力。从技巧上说，有书法技巧，也有书体技巧。书法技巧，如执笔要指实掌虚，运笔要"腕运"自如，用笔要中锋铺毫，点画要圆满周到，结构要横直相安，意思呼应，分布要错综变化，疏密得宜，全章贯气等；书体技巧，有楷、行、隶、篆、草及行楷、行草的书

在东乡题写匾额"瑞蔼义门" 1926 年

写艺术等。无论哪个方面，都必须认真学习，逐步摸索掌握规律，切不可偏废。练习书法不仅是个技巧问题，至关重要的是毅力的问题，也就是能不能自觉磨练、持之以恒的问题。"墨海无涯苦作舟"。

幼时，家境贫寒，连支笔都买不起。我就用黄麻丝扎成笔尖，套在竹管里当毛笔用；没有墨水，就用黄果、红朱水和废染料代替，先写黄色，后写红的，最后写黑，硬是把一张马粪纸写得面目全非。

那个年代，东乡经济十分贫困，全县只有一所县立小学，两所私立小学。除此以外，其余的都是私塾，以孔夫子为师，由老先生讲授，专门学四书五经。

舒同擅长写颜体书法，少年时便在东乡小有名气。舒同14岁时，东乡有位姓李的拔贡先生，庆祝六十大寿，派人请舒同写匾祝寿。拔贡乃是方圆几百里的大人物，周围数县的官绅名流均前来祝寿，送来不计其数的寿礼，还有不少对联和中堂。

有位老学究既想显示自己高雅，又想巴结拔贡先生，准备送一幅金字大匾祝寿。老学究说："听说你们这里有个小孩，年方九岁就写得一手好字，叫他来写我送给你金匾的字，你可借他的阳寿，这可是大吉大利的事。"拔贡一听，特别高兴。

舒同赶到拔贡先生家里，被当作座上宾，众人夸赞之声此起彼伏，拔贡先生亲自给舒同研墨折纸。舒同来到台前，旁边早就准备一张小板凳，舒同移了一个适中位置，站了上去。初生牛犊不怕虎，手握如椽斗笔，饱蘸浓墨，略加思索，便挥毫泼墨，"如松柏茂"四个大字，跃然纸上。拔贡先生左右端详，远近察看，连连点头，啧啧称赞："字体刚健雄厚，大气磅礴，有开阔豪宏的气概。"

20 世纪 20 年代　舒同在东乡题写匾额 "杖国延年"

　　老拔贡过生日那天，我也挤进去看热闹。好大的场面啊！只见里里外外搭了许多席棚，戏台前摆着几十桌酒。金光闪闪的大匾挂在寿堂正中，好几百号人围着老拔贡，指着全匾评论不休，只听一片"神童""妙笔"的喝彩声不绝于耳。从此，我在家乡周围方圆几百里之内，就小有名气了。除写春联外，逢婚丧嫁娶，找我写字写信的人越来越多，我再不愁没有纸和笔了。我就抓住这些机会用心练字，书法艺术也逐步提高。

　　舒同还为东乡一位举人七十大寿书匾"杖国延年"，运笔娴熟，颜筋柳骨，气貌昂扬，厚重丰盈，雄劲灵动。此匾在20世纪60年代的文化普查中找到，现收藏在东乡舒同博物馆内。

　　五四运动以后，新思想逐渐影响到这个古老的山城，萌发出民主革命的启蒙思想，1921年秋，舒同联合县立小学、私立尚志小学以及后科小学本届优秀毕业生20余人，组织"金兰同学社"，后来，发展为谈论国事、揭露时弊的进步组织。"金兰同学社"的成员，大都成了大革命时期东乡县的革命中坚和骨干。

三师"天问"

1922年8月舒同考入校址设在抚州府城的江西省立第三师范学校。第三师范前身为1905年创办的抚州初级师范学堂,由抚州府考棚改建。1912年改名为抚州初级师范学堂。1914年,教育部为了发展小学教育,通令各省将府办的简易师范一律改为省立,遂易名为"省立第三师范学校"。1927年,省立第七中学与省立第三师范学校合并,改名为省立临川中学,现为抚州市第一中学,成为才子之乡一颗璀璨的教育明珠。1962年,为了庆祝母校建校,舒同亲笔题写"江西省抚州市第一中学"校名。

省立三师校长为东京高师毕业的张一清,聘请教师多属新秀之士。省立三师为抚州地区各县国民基础教育做出了重要贡献,培养了不少优秀人才,饶漱石、李井泉、舒同等都出自三师。舒同入校时,正处于学制转型时期。学校学杂费和膳食费均豁免,入校时每人还发给一套免费制服。省立三师学生多数出身贫苦家庭,教师中有许多为资产阶级民主主义的先进人物,成为抚州革命思想的策源地。

舒同结识了早两年考入三师的东乡籍同学刘乾德、赵拔群、梁宜等人。他们受共产主义思想影响,信仰马列主义,以三师图书馆作为东乡青年活动中心,经常阅读传播新思想的《向导》《新青年》《东方》《中学生》《学衡》《少年中国》《小说月报》《独秀文存》以及李大钊、康有为、梁启超、胡适等人的著作。

舒同对康梁的文章特别欣赏，受《大同书》的影响尤深，其名字的"同"字，也是上学后自己所起。

为了避人耳目，李井泉与舒同、许瑞芳、章应昌、郭忠仁等进步同学商议，成立了一个读书会，明为钻研功课，交流心得，暗中却研究和探讨马克思主义理论和中国革命问题。

1924年春，舒同与赵拔群、刘乾德、梁宜、俞远等"金兰同学社"骨干成员，在省立三师集资创办并出版地区性的不定期刊物《师水声》杂志，由舒同和赵拔群任主编。《师水声》介绍马克思主义，宣传新文化运动，要求改革旧社会和旧教育制度，揭露和抨击封建旧思想和旧礼教。

三师成立十周年时，拟刊印纪念特刊。舒同奋笔疾书，撰写《中华民国之真面目》，刊于1924年6月出版的《江西省立第三师范校刊》。舒同的老师异常欣赏这篇文章，在原稿上批注："前途未可限量也！"《中华民国之真面目》"犹似当年屈原《天问》，向旧中国发起了革命的呼喊，宣告了一个青年的觉醒，在莘莘学子中引起了强烈的反响"。

中华民国之真面目

友谓余曰：在昔专制之时，政权操于君主之手，生杀予夺，惟意是从，凛凛然冽冽然若鬼神雷霆之不可测，而在其治之下，莫不惴之栗之，无敢或违。然历代魔王犹不谓然，或因小故而杀人，或因他事而连坐，或因言语而远逐，或因文字而重惩，种种苛暴迭出不穷，岂若今世之共和成立，彼此平等，人人自由，一切残忍悖谬之行为，举皆无受害为愈乎？吾侪之生于今世，岂非大幸乎？！余曰：噫！此正余之所日夜茕茕而不能自已者，而吾子乃以为大幸者，是何言之谬也。且子之所谓大幸者，自以为处于共和平等自由之世矣，亦知共和平等自由之意义何所在乎？夫所谓共和者，即举国上下相亲相睦，行共同之事业，谋共同之政策，无尔诈我虞之弊，无彼疆我界之别，反是，则不足为共和矣！所谓平等者，即凡系一国国民，均宜守同一之法律，所尽之义务若等，所享之权利必均，所谋之事业若一，所受之待遇必同，反是，则不足为平等矣！所谓自由者，即凡国民之行动举止以及种种之言论著作，苟不违反法律，皆当许以自由，有权有势之人亦不得禁人以自利，反是，则不足为自由矣。自改革以还，战争迭起，杀伐相寻，弹雨枪林，狼烟瘴气，暴骨如莽，积尸成山，南北之畛域既明，党派之争持尤烈，共和政体固如是乎？！数载以来，专尚纷争，只有强权并无公理，强者存而弱者灭，大盗胜而小盗亡，所谓窃钩者诛，窃国者侯，不啻为今日道也。而其治下之严峻，征收之横暴，尤为痛苦难堪，平等国家之如是乎？战争既剧，流毒靡穷，非特有帛被剥，有粟被夺，而大军所及，十室九虚，至其惨无人理之行为，虽以主持公道之报章，犹不敢遽加直笔，自由主义固如是乎？嗟嗟满清退位，民国成立，人人倾心欢声遍野，以为此后之共和可成，平等可冀，自由可得，孰意迄至于今，国家之争乱如故，政体之专横如故，人民之束缚如故，共和安在乎？！平等安在乎？！自由安在乎？！然则所谓共和者名焉而已耳，所谓平等者名焉而已耳，所谓自由者名焉而已耳，即所谓中华民国，亦不过名焉而已耳。呜呼！使贾谊而生于今世，当亦痛哭流泪而

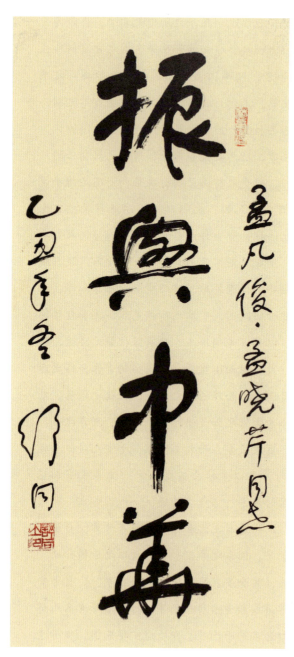

书"振兴中华"1985年

太息者也，而吾子乃以为大幸，亦曷故哉？岂徒取有其名，而遽去其实耶？则是非吾之所敢许也，昔者夫子往见子路，过田野则叹其勤，见沟洫则叹其信，至堂上则叹其恭，夫子未闻子路之勤信与恭也，而亟称之者先见其实也。即墨大夫有贤名，而宣王烹之；阿大夫有恶名，而宣王爵之，非恶善而好恶，恶虚名也。譬之西施之美，虽尘垢满面，污秽浑身，初若不足观者，然使拂其尘而其污，则丰仪自见，清秀可餐；苟以齐盐之恶，则虽朱粉其面，美丽其服，见者犹将掩目而过之。今之中国与齐盐何异乎？共和平等自由之名称与朱面美服何异乎？余方掩目之不暇，而子乃犹以为可观，不亦陋乎？友又曰：数者固徒有其名矣。若夫选举一事，较诸专制之考取或世袭，不亦至公至美乎？曰：予以选举为至公耶？请为子言之，选举之大者，莫在于总统，试观曹锟之被选，何莫非金钱之运动乎？以堂堂至尊之总统尚可用金钱以购买之，则其他更可知矣，选举之事，果公乎哉？！曰：专制之时，以一人而操全国，故可横行。今则省长督军各掌重权，决非一人所得而专，其为患害不稍减乎？！曰：昔日之害一人而已，今则总统无权，政由省出，是由个数之魔王变而为多数之魔王。昔也，以全国而供个数魔王之欲，今也，以全国而供多数魔王之欲，其为患害直数倍于昔，乌得云稍减乎？！友怫然怒曰：诚如子言，则何贵乎有民国之，而革命诸公亦何为而轰轰烈烈于当世也？曰：非是之谓也，余之所以恶民国者，非恶民国之不善，恶其不能实践民国之宗旨耳。向使我国早息兵戈，无分南北，合五大民族而为国，并四万万同胞而为治，居上者以惠下为怀，为民者以爱国存心，选贤任能，却邪除奸，则真正之共和可得，真正之平等可至，真正之自由可期，而中华民国之真正精神，亦在是矣。若此岂不熙熙然为亚洲一大文明共和之国家也哉？！第此兴盛之时期，不知经若干年后始可得而实现，决非吾与子之所能享有，斯则吾侪之不幸也，斯则余之所日夜茕茕而不敢自己者也。

舒同的文章贴在学校墙报上，后来，又发表在《江西省立第三师范校庆十周年纪念特刊》单行本上，在抚州城引起很大震动。抚州市临川县政府指令警察局，捉拿舒同，罪名为"攻击政府，扰乱人心，有共党嫌疑"。教育局又勒令三师开除舒同学籍，三师校长因爱惜舒同才华，联名具保，才平息了这场风波。

1925年秋，正当舒同如饥似渴地追求革命真理的时候，母亲乐洋红却因积劳成疾，患了重病。舒同闻讯急忙返回东乡，东乡地处僻壤，缺医少药，只有一位地主家庭出身的"名医"。由于没有厚酬，"名医"不肯出诊，致使舒同勤劳贤惠的母亲过早地去世。挚爱的母亲撒手人寰，让舒同痛不欲生，肝胆欲裂。

出自乡间的清正少年，在无情现实的打击下，更一步步由传统的君子人格走向了革命时代的新君子人格——面对严酷的现实，不仅要保持独立人格、自由精神、洁身自好，更要积极面对、努力变革现实，为广大民众的解放而献身。他与同志们接受了马克思主义的革命理念，迎来了"大革命"的滚滚洪流！

第二章 ｜ 投身革命

一九二五年三月十二日，中国民主革命的先行者孙中山逝世。舒同为失去这样一位精神领袖深感悲痛，同时也在为今后中国的前途和命运担忧。最终投身革命，迎来「大革命」的洪流。

欢迎北伐

1924 年 1 月，孙中山在中国共产党的帮助下，确立"联俄""联共""扶助农工"的三大政策，形成国共合作的统一战线。1926 年 7 月，国民革命军正式出师北伐。直系军阀孙传芳为了保住江西地盘，派了一个师进驻抚州，企图阻止国民革命军北上。第三师范学校也驻满了军队，学校无法继续上课，只好宣布暂时放假，舒同、赵拔群、乐雪猷、乐庭玉、刘乾德、胡性刚、上官佐、梁宜等人返回东乡。

10 月 20 日，北伐军攻克抚州城，随北伐军前来抚州的共产党员陈奇涵、曾燕堂、钟赤心分别以国民革命军总政治部特派员、国民革命军第十四军政治部特派员和国民党赣东特派员的公开身份，开始在抚州地区创建中共组织。舒同与国民革命军取得联系，结识了中共党员曾燕堂。双方畅谈革命理想和前途，使舒同进一步加深了对革命的认识，并商量在东乡欢迎国民革命军的计划。

舒同返回东乡后，立即与乐雪猷、上官佐等人商议迎接国民革命军的具体计划。成立"东乡县兵差办事处"，一批又一批的国民革命军路过东乡，受到热情接待，补给充足粮草。舒同撰写会场横幅和各种宣传口号，将书法与革命斗争紧密地联系在一起，书写各种宣传品以及"欢迎北伐军群众大会"大字横幅，并代表东乡各界致辞，欢迎国民革命军。舒同与战友们满腔革命热情，投入到国民革命的洪流中：

当时我们对这以后的后果及要干的怎样等等全没有考虑，只是一心一意要打倒封建恶霸势力。

东乡建党

1926 年 11 月初，共产党员钟赤心到东乡视察党务工作，将东乡大革命推向新阶段。正式宣布成立国民党东乡县党部执行委员会，选举舒同、乐雪猷、赵拔群、刘乾德、乐庭玉等 5 人为委员，舒同出任党务委员，其余为执行委员并兼任各部部长。

钟赤心找舒同个别谈话，询问："知不知道国民党后面的还有共产党？"他讲解了共产党是穷人的党，是主张阶级斗争的一番道理，并说明国民革命结束后，还要继续从事"二次革命"。国民党代表资产阶级利益，不能领导民主革命取得彻底胜利。钟赤心询问舒同："愿不愿意加入中国共产党？"舒同当即表示："我是穷人出身，当然很愿意加入。"于是，钟赤心介绍舒同加入中国共产党，成为东乡第一个共产党员。舒同回忆：

> 这时有很多党员了，于是就成立了支部，我当支部书记。这是第一次支部会，会上，钟赤心同志讲了话，并指定几本关于党的知识和马列主义的书给我们看。这么一来，东乡的革命运动就起来了。而我们则公开是国民党员，而秘密却是共产党员。

当时能找到的马列主义书籍，除了钟赤心留下的《共产主义 ABC》和《阶级斗争》以外，还找了《唯物史观》《共产党宣言》以及《社会学》等。舒同领导党支部，结合斗争实践，利用各种机会，宣传党的主张，扩大党的影响。积极深入基层，发动农民群体，广泛开展革命宣传教育工作，召开群众大会。每逢圩日（集市开市的日子）都分头向群众讲解革命道理，唤醒广大工农群众，宣传"打倒帝国主义，打倒贪官污吏，打倒土豪劣绅""组织起来有力量"等等革命口号。实行"耕者有其田"，取缔高利贷，减租减息，毁灭陈旧老债，烧毁借字契据，取得广大人民群众的信任和拥护。革命的种子在群众中扎根发芽，群众性的革命运动也蓬勃开展起来。在很短的时间内，东乡就出现抗租抗债的群众革命斗争高潮。

舒同表嫂童俭女回忆："闹'党部'（革命）时，舒同还在县城考棚演过文明戏。他长相秀气扮女角，李克昌扮男角，赵拔群也参加了演出。"

群众发动起来后，又趁热打铁，建立各种革命团体。农会、工会、妇女会也都成立了，还组织了民军，有十几条枪。在中共东乡支部领导下，组建东乡县总工会，城关举办"工人运动讲习所"，领导成立"东乡县农民协会"，还领导成立了县妇女解放协会、学生联会等。但东乡也弥漫着封建统治势力，土豪劣绅割据一方，互相勾结，层层压在人民群众的头上，进行残暴统治。

正当舒同等大力发展工会和农民协会之际，反动势力也组织所谓"工会"和"农民协会"，阴谋破坏和瓦解革命力量。

1926年12月，舒同组织群众大会，斗争恶霸何荣昌。何荣昌被批斗后，准备带领地主武装反动势力进行反扑，叫嚣要杀害舒同、赵拔群和李克昌。

1927年1月，国民革命军开往弋阳，第二次路过东乡。舒同等人即前往会见党代表，汇报何荣昌的反革命罪恶活动，要求予以严惩，得到党代表的支持。于是立刻逮捕何荣昌，召开群众大会，彻底清算其压迫和剥削工农血汗的罪行。何荣昌戴着高帽子游街示众，打倒土豪劣绅和贪官污吏的斗争取得胜利，广大群众也被充分发动起来。

钟赤心介绍赵拔群和刘乾德与朱德领导的教导队联系，朱德又指派钟赤心率临川工农自卫队40余人赶来增援，将反革命势力打得落花流水。土豪劣绅仓皇出逃，钟赤心和舒同率部乘胜出击，将东乡县政府团团包围，活捉反动县长杨燮。并在县城考棚（从前科举时的考场）内召开东乡县各界联合会议，批斗杨燮。钟赤心主持会议，并作出三项决议：电请江西省政府撤销杨燮县长职务，另派县长前来东乡；组织革命武装，成立东乡县工农自卫队，将县政府原来法警所用步枪、手枪数支移交自卫队使用；组织清算委员会，清理地方公款公产。钟赤心于会后率临川工农自卫队返回抚州。舒同等人成立东乡工农自卫队，从此，东乡县党支部直接领导一支正式的武装力量。

江西省政府逮捕了杨燮，并押往南昌处理，另派共产党员何耀先出任东乡县长，成立以赵拔群为主任委员的清算委员会，彻底清理地方公款公产，铲除贪官污吏。打倒何荣昌，赶走杨燮，巩固了县城的革命中心地位，也扩大了革命影响，为进一步开展轰轰烈烈的革命运动奠定了坚实基础。

蒋介石发动"四一二"反革命政变后，共产党员和国民党左派以及革命群众惨遭追杀。东乡土豪劣绅也乘机而起，重新聚集地主武装准备反扑。舒同回忆：

> 国民党反攻开始了，这下就不得了了。那时最厉害的是王殿元，他把地方所有的流氓、地痞、土匪都集中起来了，并收集了很多土枪土炮。当时县长是支持我们的，我们也支持他。于是，王殿元进攻我们的消息，我们早就知道了。这时，

我们便有计划地退出来了，并把守在北门山上，准备在王进城时，来它一个伏击，以全部歼灭他。那天，本听说王下午就会进城来的，我们就在那山等，后来等了好久，看到他们没有来，便以为他们不会来了，就回去了。谁知我们刚一回来，县长还没有进门，王就打进来了。这下就不得了呀！我家被打得一塌糊涂，并四处搜捕我。我当时躲在一个同学家，后看看不行，便跑了出来，另躲在一个屋很矮而又偏僻的道士家。这道士还好，也胆大，他要我躲在他的床底下，他的床就在堂中，那时匪军在他门前来回经过时，我看得清清楚楚。这时，民军队长李克昌真勇敢，他带了几个人，拿了几条枪，看到王在四处捕我们的人，便东打一枪，西打一枪，四面袭击他们。而王也弄不清我们到底有多少人，听到东也有我们的枪声，西也有我们的枪声，便吓得忙坐着轿子逃跑。王当时抓了我们好几个同志，本准备当日就枪决，但也没有来得及，全被我们救出来了。

一九二七年，蒋介石叛变革命，屠杀共产党人。舒同成为江西省头号通缉犯而逃离故乡，却矢志不移，化名潜伏，找寻组织，最终参加了红军。

砥砺前行

1927年6月，舒同决定召开国民党东乡县第一次全县代表大会。东乡国民党右派以为有机可乘，千方百计地混入代表中，妄图浑水摸鱼。舒同等人紧急从国民党江西省党部请来赣东北特派员邵式平到东乡指导国民党东乡县党部代表大会的召开。国民党右派篡权阴谋彻底破产。一些捣乱分子和国民党右派分子惶恐不安，不少人不等大会结束，就灰溜溜地离开会场。

> 国民党叛变后，我们党在南昌开了个会，这次着重讨论了国共分家问题，那时张发奎来了，宋庆龄还发表了个宣言。在会上，有人主张分家，有人主张搞第三党，有人主张把国民党党部拿过来。

舒同于会后找到方志敏，要求派军队前去东乡支援。方志敏表示："现在南昌吃紧，自顾不暇，你们自己想办法吧！"舒同随即折返东乡，行至中途，南昌起义就爆发了。舒同回忆：

> 会后，我从南昌回来，还未走到进贤，南昌就暴动了。要是我迟回来一天，那就参加了"八一"暴动。南昌暴动后，国共不分家也要分家了。
>
> 我从南昌回来后，便着手准备应付万一。那时国民党白色恐怖很厉害，东乡下了个通缉令，通缉13个人，头一个就是我。县党部也改组了，把国民党中的左派也赶走了。整个县城被国民党占领了，我们便退出来了，转入秘密活动。当

然，转是转了，但群众工作没有组织好。

　　我们退出以后，就进行了秘密斗争，并建立了地下交通。我们的支部改成县委，由我当县委书记。这以后，国民党对我们进行了无数次的进攻和破坏，我们的秘密交通全被他们搞掉了，这时省委也几次遭到破坏。

舒同等人隐蔽在一个偏僻山村，与上级党组织完全失去联系，也看不到报纸，对外面形势一无所知。革命力量遭到严重削弱，东乡大革命陷入低潮。

　　大革命时搞得轰轰烈烈的，一失败便垮了下去。但这以后，我们又慢慢地搞起来了。可是，当时没有经验，搞起来了以后，又被敌人打垮了一次，我们在小璜的一个通讯站 —— 小学，这就是我们最重要的联络机关，也被破坏了。校长俞远（是个共产党员）也被抓走了。俞远的老婆跑来向我报告，她叫我快点跑，并告诉我，国民党的军队已在四处抓我们的人。于是，我就拿了一个篮子，跑上了山，刚刚我一上山，国民党的军队便来抓我。幸好，她来报信，要不，我也被抓去，要是抓去了，那便牺牲了。那些被抓去的人，都被押解到临川枪毙了，李克昌同志就是这时牺牲的。

舒同等得知李克昌等同志遇难噩耗，悲愤难忍奋笔而书悼亡诗："舍身心取义，杀身是成仁。可怜羊城地，鲜血醒万民。""羊城"乃临川别名。

1928年秋，江西省委派老孟同志到坪上村联系东乡党组织，通报江南党组织遭到破坏情况。老孟同志离开后，东乡党组织从此与上级领导完全失去联系。

舒同外出杳无音信，刚出生的孩子又夭折，妻子魏芙蓉受不了这双重打击，投河自尽。舒同找不到党组织，又家破人亡，悲愤难忍。听父亲说，李仲昌得乐雪猷来信说他化名乐典，考入南京的军校，邀他们去那里找寻组织。舒同乃与乐庭玉商议，决定离开东乡县，化名前往上海、南京。舒仁兴深明大义，抱病为舒同准备行装，筹措盘缠。岳父魏老先生也支持舒同的革命行动，将女儿魏芙蓉陪嫁的一对耳环送给舒同作为路费。舒同夜半时分离开，舅舅乐金东送舒同到岗上积分手，赠送六块银洋作为路费。

1929年初，舒同与乐庭玉离开魏家村，取道水路从鄱阳湖北上，途经九江、安庆、芜湖，抵达南京。但没能找到党组织。于是，舒同和乐庭玉又直奔上海。

舒同估计"工厂可能有党的组织"，决定到工厂去做工。在上海市警司做司书的东乡同学梁宜介绍舒同和乐庭玉到新申纱厂工作，经理却因为他俩对厂里的进步青年宣传革命道理，怀疑他俩是共产党员，唯恐招惹是非，遂找借口辞退他们了事。

舒同和乐庭玉取道南京，偕乐典同行，又按与另一关系人的约定赶到安徽含山县，仍未能找到工作。他们找到含山县上的一个饭店，却连住宿费也没有了，于是乐典向饭店老板介绍：舒同十多岁就给拔贡先生写匾做寿，深受赏识。二人因外出访友，中途落魄，身无分文，愿意撰写饭店招牌，以换取行资。舒同便挥毫泼墨，写下"含山饭店"四个大字。

老板将舒同引到含山一位有名望的易姓拔贡家里，并将舒同撰写的"含山饭店"四字铺在易老先生书桌上，引来一群人围观。易老先生仔细观赏之后，对舒同书法赞不绝口。

易老先生获悉舒同经济拮据，立即解囊相助，还动员附近书法爱好者为舒同解决燃眉之急。舒同书赠各位书法作品，易老先生发现舒

书五言联

同学识渊博，挽留他在含山小学任教。舒同感激不尽，但此行的目的并非为了谋生，而是寻找党组织，便婉言谢绝易老先生厚爱。易老先生留舒同在小学住宿两天，其间舒同写下许多对联、中堂、条幅以及街道的牌匾，与含山书法爱好者结下墨缘。他回忆：

这是我第一次运用书法这个武器为革命斗争服务，没想到，它后来竟成了我从事革命活动的"终身伴侣"。

1929 年 3 月，舒同返回南京，入住旅社，此时既没有找到党组织，又没有找到掩护身份的工作。他突然发现大街上许多人围在一张布告前，原来是南京中央军校政训处公开向社会招收录事。

舒同考虑到该校乃是以黄埔军校为基础建立并迁来南京的，大革命时期有许多共产党员，周恩来曾任黄埔军校政治部主任，尤其是北伐军政治机关，大都曾由共产党员担负主要领导工作，到军校去或许能找到党组织。而且录取录事既不要人作保，又没有学历和出身要求，主要测试书法，又是自己专长。于是，舒同以舒文藻之名，报考国民党中央陆军军官学校的录事名额，在军校勤务人员引导下，来到军校考场，按指定位置坐下。考生每人写一份蝇头小楷，并要求在规定时间内交卷。实际上就是书法竞赛，竞争几个录事的职位。舒同一笔一画地写完小楷，又补写一份毛笔大楷，随同考卷一起上交。几天后，他收到《录取通知书》，成了国民党中央陆军军官学校政训处一名准尉录事。

舒文藻的工作就是负责抄写军校公文和信稿。每天一上班，他就坐在办公室末尾一排，听候政训处长吩咐，接受没完没了的抄写任务。舒同回忆："在国民党反动派四处张贴通缉令捉拿我的时候，我又是靠书法活动的掩护，化名投考伪军官学校，隐蔽身份，在那里当了一名专门抄写文电的录事，使我在逆境中得以生存。"

中央军校组织战时宣传处，奔赴武汉。舒文藻大显身手，施展自己的书法技艺。他书写的讨伐标语布满武汉街头，许多人为之赞叹不已。"汉口远东饭店"的老板请他题写店名，舒文藻一挥而就。老板见字雍容大方，欣然承诺以后舒文藻及其全家到店用餐不用付费。年终考评时，军校明令嘉奖舒文藻"服务勤慎""成绩卓著"，并由准尉司书升为少尉书记。

舒同在半年时间内，写了十多篇文章，以舒文藻的名字发表在南京的刊物上。其中有纪念黄花岗七十二烈士的文章《可歌可泣的今日》，纪念孙中山逝世五周年的文章《继续伟大者的革命精神》和以婉转的笔法抒发革命豪情的长篇论文《从人性恶谈到革命的任务》等。

1930年3月12日，国民党中央军校《党军日报》特刊刊登舒文藻纪念伟大的革命先行者孙中山的文章："寄托对孙总理逝世的悲痛与哀思，以澎湃的革命气魄，召唤人们拭去眼角的泪珠，继承孙总理的革命精神，与一切反革命势力决战到底。"

1930年3月29日，国民党中央军校《党军日报》特刊又刊登舒文藻另一篇纪念黄花岗起义的文章，热情讴歌黄花岗七十二烈士的革命献身精神。他们大无畏的精神，的确可以使易川生寒，白虹贯日，号召大家在纪念先烈的当今，"奋斗吧，持起十万横磨剑，杀向反革命营垒去"。

1930年4月，国民党中央军校《党军日报》特刊又刊登舒文藻《从人性恶谈到革命的任务》，巧妙地借用荀子的话，深刻地揭露统治阶级的黑暗，希望像大革命时期那样，用北伐军的革命精神，将压在人民头上的"坏家伙"一扫而光。

舒同尽管隐蔽得非常成功，但隐蔽于军校并非他的目的，他依然在想方设法寻找党组织关系。他曾询问先到军校的同学乐典，军校是否有党组织，乐典回复还没有发现。舒同从武汉返回南京后，在街上与临川共产党员黄励群不期而遇。舒同谨慎地问黄励群是否还在原地工作，黄告知仍在临川工作，临川党组织比较正常，并询问舒同是否还准备回去工作，舒同明确表示随时准备返回东乡。舒同为了避免路人注意，引起不必要的麻烦，与黄励群简单交谈几句就匆匆分手。

　　1930年8月，舒同从国民党《中央日报》看到红军向赣东南方向发展的消息，欣喜若狂，决定立即离开军校，前去寻找自己的队伍。舒同趁军校裁人之际，立即写报告要求回家照顾卧病在床的父亲，很快得到政训处批准。延至1931年7月2日，国民党江西省政府对舒同的通缉令送到南京中央军校，并注明舒同化名舒文藻，系少尉书记职务。此时，舒同已离开军校达11个月之久，又重新恢复共产党员身份，成为革命队伍中的一名战士。

第四章 ｜ 战地黄花

一九三〇年八月，奔波了三年的舒同，终于在赣东南找到了红军，他像离家多年的游子一样，找到了回家的感觉。参加红军后，舒同被安排在红四军政治部担任秘书。那年他二十五岁。

加入红军

　　舒同在南京找不到党组织，却看到报上有红军在赣东南活动的消息，于是辞官而去，潜回东乡，准备发动群众，开展革命斗争。然而，东乡革命力量受到严重摧残，"有的逃跑了，有的被害牺牲了，有的投降了，一个都找不到"。这时，传来彭德怀率领部队朝抚州挺进的消息，舒同邀请老同学熊崇德一起前去寻找工农红军。舒同与熊崇德走到临川上顿渡，碰上从事地下工作的邹卓尔和黄励群，找到党组织。"他（黄励群）知道我的情况，晓得我失败后没有动摇，便把我搞了进去，并叫我当支部书记。"舒同犹如失散的儿子找到母亲，重新回到党的怀抱。

　　红四军打到崇仁，正准备攻打抚州。舒同获悉红军部队要来，立即与邹卓尔和黄励群商量组织武装暴动，策应红军军事行动。舒同正准备派人前去与红四军联系，红四军却主动派人找到舒同。舒同到达红四军政治部，政治部主任彭祜热情地接待舒同，两人进行了长时间交谈。罗荣桓也接见并听取了舒同的汇报。罗荣桓通报："敌人很快要来进攻，我们还要撤退，抚州不能打了。"彭祜建议："我们不打你们那里了，因为敌人赶过来了，明天我们还要赶40里路，你现在也不好回去了，路上已有敌人，你就留在我这里吧！"

　　舒同当即跟随红四军，从崇仁到宜黄急行军40里，从此参加红军，成了红四师政治部的一名秘书：

我参加红军是在 1930 年秋冬，当时彭祜主任把我留在红四军政治部当秘书，红四军军长是林彪，政治委员是罗荣桓同志，军部秘书长黄一善，小秘书童小鹏，军政治部除了彭祜主任外，我记得秘书长是郑云，政务科长吴汉。

舒同刚参加红军，即被委任为红四军政治部秘书，却赶上红军肃反运动：

　　当时给我印象最深的是反AB团的斗争。我参军的第一天，跑了 40 里路，即听说后面有AB团造谣，到了宜黄县看到有打倒托陈取消派的口号，军政治部驻黄陂小布时，还专门开过一次反AB团的肃反大会，政治部的几个科长，只剩下一个吴汉，秘书长郑云逃跑了，小勤务员王东保也因被AB团咬了，绑捆待刑，后被保释（胜利后当了军长），秘书中只有我没有被牵连。毛主席和林彪军长、罗荣桓政委后来纠正了肃反路线中逼供信的错误影响，情况有了改变。

红四军十一师政治部宣传科十几个工作人员，因为有些文化，全被作为"AB团"受到怀疑，起初仅逮捕几人，后来，因乱咬乱供，全部被逮捕。年仅14岁的勤务员王东保以及另一李姓小孩也被捕，被迫承认"参加AB团会议，给他们打了一斤酒，买了半斤花生米"。

红四军政委罗荣桓到军保卫局视察工作，发现有些人正在搞"逼、供、信"，立即严厉予以制止，并千方百计保护和营救干部战士。罗荣桓谴责保卫干部，王东保不过是一个未成年的孩子，怎么可能是"AB团"。王东保绝路逢生，感动得热泪盈眶。后来，"一斤酒，半斤花生米"成了"肃反"的笑柄。

舒同曾感慨地对妻子石澜说："党的正确路线、正确领导，的确是无数烈士的鲜血换来的啊！"正因为面临如此复杂而严酷的环境，致使舒同加入红军后，并没有将大革命失败后一年多在失去党组织的过程中所做的本来无可非议的事向组织上讲清楚。舒同在南京军校的那段极富传奇色彩的故事，竟成了其隐私，一直讳莫如深，对妻子也没有提及。

1930年10月，蒋介石调集近十万部队，由江西省政府主席鲁涤平为总指挥，采取"长驱直入，分进合击"战术，准备发动对中央苏区第一次"围剿"。

为了动员根据地军民粉碎国民党军队对中央苏区的第一次"围剿"，保卫革命根据地，红军总前委在宁都小布召开军民誓师大会。舒同在反"围剿"的誓师大会上，接受了毛泽东、朱德等同志关于游击战争基本要领的教育，聆听了毛泽东关于反"围剿"作战的演讲。毛泽东亲自将"诱敌深入"的作战方针写成一副对联，挂在大会主席台两边："敌进我退，敌驻我扰，敌疲我打，敌退我追，游击战里操胜算；大步进退，诱敌深入，集中兵力，各个击破，运动战中歼敌人。"

舒同第一次看到毛泽东手迹，耳目为之一新：那端庄有力的笔法，像钢钉似铁锤；那奔放洒脱的风格，如瀑布和流水，深深地感染着舒同。他十分敬佩毛泽东同志高超的书法艺术，更仰慕毛泽东同志运用书法这个武器和对联这种群众喜闻乐见的艺术形式，有效地宣传反"围剿"的作战方针，使这个事关全局的大政方针变得通俗、易懂，好记，人人都能掌握和运用。

为了开展对国民党军队宣传工作，瓦解动摇敌人，红军总前委发出关于瓦解敌军的宣传标语口号十二条，并通令各部队以十二条宣传口号作为武器打击敌人，动员苏区工农兵拿起笔来书写宣传口号，将苏区每个村镇都写满标语，开展宣传攻势。舒同响应总前委

江西宁都小布至今还留存舒同当年留下的巨幅标语

号召，用石灰水在小布的村内外和屋内外涂刷宣传标语。今天我们在宁都小布仍能赫然看到当年墙上书写的巨幅标语"优待白军俘虏"等，正是他书写的真迹。

当年，毛泽东看到舒同书写的标语，对其书法艺术颇为赞赏。毛泽东对朱德说："总司令，你来看，数月前我们打长沙，红军出了个外交家何长工，他会讲几种外语，今天红军又出了个书法家，在墙上写了几种字体，都很好，但不知是何人？"朱德回答："我对此人略有所知，他是红四军政治部秘书，名叫舒同。他可不简单哩！是全国才子之乡临川师范毕业生。我听叶剑英说过，1926年夏，北伐军攻占抚州，部队举行群众集会，舒同为大会书写的'欢迎北伐军群众大会'横幅，曾引起他极大的兴趣。"这是毛泽东第一次注意到舒同的书法。

第二次反"围剿"胜利后，舒同回忆：

敌人不让红军休息，立即开始第三次"围剿"，由蒋介石亲自出马，指挥卅万匪军，长驱直入，红军不顾疲劳，千里回师，刚到苏区后部，即进入战斗，按照主席方针，实行中间突破。此时，我奉命调任第十一师（红四军的）秘书长，师长曾士峨在高兴墟战斗中牺牲了，政治委员张际春在毛主席亲自指挥和督促下，曾经一个夜晚，衔枚疾走，通过蒋鼎文和蒋、蔡、韩军之间的40华里空隙地带。在这里我听到主席的声音，要部队"赶快走，不得停留"，一直传到莲塘。

红星闪耀

　　舒同在《我的自传》中回忆：在第三次反"围剿"后的战场上看到主席路过，随便俯拾地上的子弹壳，正是战地黄花分外香的时候。漳州战役刚结束，舒同正指挥红军战士打扫战场，毛泽东踏着满地硝烟来到阵地。毛泽东问起舒同籍贯，舒同作答后，毛泽东说："你跟王安石是老乡呀！"又握住舒同的手说："看过你的文章，见过你的字。"毛泽东边走边倾听舒同汇报战斗经过，不时为战士英勇壮烈而发出感慨。他们来到战斗最激烈的山顶，弯腰抓起一把被炮火摧松的焦土，缓缓将手张开，有几粒铜制的子弹从焦土中显露出来，在夕阳的照耀下闪闪发光。毛泽东深情地说："这，就是战地黄花哟！"

　　舒关关回忆："父亲深深地被毛主席那伟大的革命气魄和丰富的感情世界所折服。这也是父亲后来经常把毛主席诗词作为自己书法创作的主要对象的原因之一。人们评论说，舒同书写的毛主席诗词，或雄健，或恣肆，或凝重，或飘逸，却总能充分体现出原作的意境和气魄，堪称当代书坛一绝。"

　　舒同在毛泽东领导下投身中国革命，将再现了革命画卷的毛泽东诗词作为书法创作的主要内容。战场的烽火硝烟凝聚成革命友谊，共同的理想信念支撑着人生之旅。二人的这种交往升华为艺术的高峰。舒体书毛诗，可谓珠联璧合。

　　回到苏区后，舒同又被调到红四军第十二师当政治部主任。

　　舒同经常撰写战地通讯，发表在《红星报》上，弘扬红军指挥员英勇事迹。石澜回忆：（他的）"文章不断地发表在《红星报》上，部队行进的征途中常能看到他写的标语，给战士们以巨大的精神力量。"第五次反"围剿"期间，舒同先后撰写《脱险归来的谢永生同志》《加强对杂务人员的教育》《三个巩固红军的模范连整整一年没有逃跑的》《一军团机枪连是巩固红军的"拿么温"》《矮子岭战斗》《二师连队的娱乐工作》等文章。其中《脱险归来的谢永生同志》一文，是在由于"左"倾教条主义的错误指挥，红军作战节节失利，部队受到很大损失，士气低落的情况下写就的。为了鼓舞士气，做好思想政治工作，舒同将谢永生的感人事迹写成故事，发表在1934年5月30日出版的《红星报》第45期上，号召红军战士学习谢永生机智勇敢的革命精神以及高度自觉的纪律观念，为了保卫苏维埃政权，不惜抛头颅洒热血。

　　舒同在红军队伍里历练、成长，用书法文字鼓舞战友们奋勇向前，广大指战员给了他一个称号——"军中一支笔"。

舒同被广大指战员称为红军书法家、「马背书法家」，他的书法与陆定一的长征小调、黄镇的沿途写生、李伯钊的歌舞、廖承志的木刻，并称为红军长征途中的亮丽风景线。

"马背书法家"

1934 年 10 月 16 日，舒同随一军团部队离开红都瑞金，跨过于都河，走上了长征之路，部队行军时，三军团在右翼，一军团在左翼，后面有九军团，由两翼掩护中央纵队和军委纵队，统称"红星纵队"。王宗槐回忆：

> 舒同同志书法很好，记得 1934 年，我们在湖南开过一次晚会，他写了会标"决战在今朝"。那刚劲有力，别成一体的大字，轰动了当地的一些知识阶层，名家都赞扬说："红军里真有人才呐！"许多青年被舒同的书法所吸引，接受了革命理论，走上了革命道路。

舒同被广大指战员称为红军书法家、"马背书法家"，他的书法与陆定一的长征小调、黄镇的沿途写生、李伯钊的歌舞、廖承志的木刻，并称为红军长征途中的亮丽风景线。

突破第四道封锁线是红军离开中央苏区后打得最为激烈也是损失最为惨重的一次战役，红军由江西出发时的 8.6 万余人，渡过湘江后已不足 4 万人。由于国民党军队围追堵截，加上红军飘忽不定，新区群众对红军又不了解，开展扩红工作困难重重。让舒同感到最为困难的工作就是如何提高部队的士气，向红军指战员明确说明红军前途以及部队前进的目的地。舒同回忆：

> 遵义会议之后，毛主席亲自领导并指挥打遵义城（围城打援），集中使用兵力，待蒋介石的援军刚进到，我一军团即

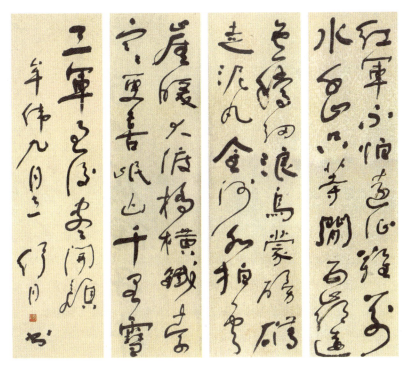

书毛泽东诗《七律·长征》

从侧面出击，打得敌人纷乱一团，抱头鼠窜，……我跟在部队中一面做鼓动工作，一面使劲跑，我军不顾疲劳、饥饿，通宵不停地把敌人追到乌江边，敌人纷纷落水。敌人后方的伙夫，还在烧饭，看到红军，还以为是他们自己的人，打得敌人措手不及。这一胜利，扭转了整个局势，全军为之大振。我曾写过一篇《遵义追击》，后来登在中央出版的回忆本上。

　　舒同以亲身经历，撰写《遵义追击》，生动形象地记述中央红军在毛泽东等人指挥下取得的长征以来最大的一次胜利。

《遵义追击》

　　除贵阳外,遵义要算贵州第一号城市,街店相当繁荣,居民稠密,有新城老城之别,隔乌江有二十多里,直通大马路。我们第一次攻破该城时,曾经驻了好几天。

　　因为战略的转变,我们由云南、四川折回遵义来了。敌人柏辉章九团兵,由桐梓开始败走,天险的娄山关即已失守,红花围再被挫折,于是最后便困守遵义城了。

　　红三军团攻占老城之后,接着围攻新城,敌人已如釜底游魂,逼得迅电向他们的薛大人求救。

　　第二天不到八点钟的时候,接到情报,薛岳已指挥他的吴奇伟、周浑元纵队及贵州军阀王家烈残部,分三路向遵义前进,企图解围,再夹击我们。

题"娄山关",刻于长征路上的贵州省桐梓县娄山关镇摩崖

情况突然紧张了，作为预备队的一军团即时动员起来，在"消灭敌人增援部队，活捉薛岳，消灭中央军（贵州人称入贵的蒋介石军）"的口号下，全部激荡和鼓舞着战斗的热情，队伍像风驰电掣般地动作，从老城街上兵房里成几路纵队飞快地向着敌人前进。

城内敌人，眼巴巴地希望援兵到来好出去。果然不上两个钟头，敌人增援来了。

红三军团以迎击的姿势等候着，另外一部分仍钳制城内敌人。一军团的任务是：配合三军团侧击，断绝敌人的退路。

战斗十分紧张了，机枪、大炮、飞机，敌人所有的武器，都在极大地发挥它的作用。开始，形势似乎不利，我右路军十分吃紧，部队退了下来；然而在机动灵活的指挥和百折不挠的战斗勇气面前，终于转危为安，转败为胜，不到一、二个钟头，右路军即将正面敌人完全击坍。一军团以有生力量，从侧面突击下去，敌人如流水一般地全线冲坍，吓得屁滚尿流地向乌江逃窜，我们从错杂的矮山里面冲到大马路上来。

"冲呀！杀呀！敌人坍了呀！猛打猛追呀！不让敌人逃跑一个呀！缴枪捉俘虏比赛呀！"震天价响的口号，遍地遍山遍岭遍路高喊起来，胜利的战神，在我们每个指战员面前发笑。

太阳快落土了，马路上一片胜利的歌声，三五成群的人，正在那里东奔西走，照料俘虏兵和伤兵，处理战利品。

队伍走远了，时间已经很晏，周围逐渐黑暗。军团首长命令，要我们不停留地尾追，记得有这样一句："宁可疲劳死，不能放走一个敌人！走不动爬过去！"这命令把疲劳之神驱逐了。

"追呀！猛追呀！不顾一切疲劳，追得敌人到乌江吃水呀！缴枪就在这时候，谁能克服疲劳，谁便能有更多的缴获！"这口号，立即在部队中喊起来。首长工作人员，直到连队中鼓动；英勇的铁的红色战士，虽然从早上到这时还没吃饭，但大家不觉饥、不觉脚痛，为着上述口号，又继续猛追。

敌人被打得七零八落，东跑西窜，失去了控制力量。我们文书炊事员同志掉队落伍的，都可以随处碰到他们，随时缴得他们的枪，捉到他们的人。

马路上的十几路纵队争先恐后地猛追，夜风在耳边呼呼地响，马路上大步地跃进，也没有什么黑暗的顾虑，开始是喧吵，过后是肃静。

打散了的一些敌人，有的迷失了方向，混杂在我们队伍里跟着跑。他问我们的战士："你是第几师呀？"我们的同志回答："不要管，老子是工农红军！"结果把他吓跑。

一直追到刀靶水，敌人的后方担子已正在这里烧火、挑水、造饭，似乎和平常一样的宁静。他们还不知道前线起了什么变化，或者正在祈祷和盼望捷报飞来呢！

当我们把他们捉起来，这些烧饭的伙夫还以为是开玩笑，把头一摇手一撇："不要捣鬼嘛！我的饭还未烧好，谁和你开玩笑！"转过头来，才知道是红军捉他们，不是开玩笑，于是他们的神情就紧张起来。

敌人已经溃不成军了，一个纵队的大部被赶到乌江河里吃水。

舒同又撰写《芦花运粮》，记述红二师运粮队救援草地折回的红六团的故事。

《芦花运粮》

在S山上的一个村庄，印象倒是很深刻的，但没有过问它的大名，仿佛离马河坝二十里，离芦花八十里。山上是一片雪，四时不融解，由卓克基到黑水、芦花，这算是最后的一座大雪山了。翻过S雪山，即是这个不堪回首的村庄了。村庄不很大，周围是油油的青稞麦，瞰居山腰，高出地面十数里。

红六团配合我们右路，由康猫寺向左经草地绕出松潘。在前进路上，遇着极端剽悍的骑兵，横加拦阻，既战不利，乃折回右路。第一步以四天到达S雪山上的这个村庄。因为粮糈已绝，茹草饮雪，无法充饥，饿死冻死者触目皆是，已山穷水尽，不能最后支持。生死完全决定于我们能否及时接济。

事情不容刻缓，在我们接到六团急电之后，立即来了一个紧急动员，筹集大批粮食、馍馍、麦子、猪肉、牛羊等。其实驻芦花的四团五团师直属队，每天都是在田里自割未熟的青稞麦而食，各人揉各人的麦子，各人做各人的馍馍，用自己的血汗去生产。经过整个一天的动员，经过干部和党团员的领导，好容易才把这些粒粒皆辛苦、处处拼血汗的救命麦子、牛羊、馍馍粉搜集起来了。

已是下午一时了，我还在五团帮助动员，师的首长猝然从电话上给我一个异常严重而紧急的任务，要我负责率领一排武装及几十个赤手空拳的运输队，运粮食到那山脚下，迎

书"风展红旗如画"

接疲饿待救的第六团。

义不容辞的我已慨然允诺，接受了这光荣的任务，即时从芦花出发。

这时已经是三点了，估计要两天才能赶到，而今天还要赶三十里路，才找得到宿营的地方，否则露营有意料不到的危险，这问题一开始就威胁着我们。

天色像是要夜，乌云簇簇，细雨纷纷，我们这一大群人开始在路上蠕动，前后有少数武装，中间是运输队，背的背着粮，赶的赶着牲口。不上五里路，在一个桥头右边，山林深沉处，守河的一班人在那里搭棚子住着，他们是预定同去的。当我去喊他们的时候，恰好遇着他们的面盆茶缸里满盛着羊肉和面粉，从它的香气中可以想象得到那滋味了，饿着肚皮的我，口诞差不多要流出来，不好向他们讨吃，只是催他们快点吃了同去。不上十分钟，他们就一边吃一边走，插入了行军序列。

"人马同时饥，薄暮无宿栖！"

这诗不啻为我们这时候写照了。走到一个深山穷谷里，没有人影，没有房子，没有土洞石岩，参天的森林，合抱的粗树，没胫的荒草，不知好远的前面才找得到房子，我们就在这个坡路上徘徊了很久。

好吧！我们就在这里宿营。时间天气都不容许我们犹豫选择了，于是集结全队，我亲自去动员解释，大家艰苦奋斗的精神冲破了这阴霾险恶的环境。把粮食放下，羊牛马集拢来，靠着几棵大树，背靠背地坐着，伞连伞地盖着，四面放好警戒，大家悄然无声的睡下，希望一下子天亮。

天是何等的刻薄呀！我们这点希望都不肯惠与，一刹那风雨排山倒海来了，我们像置身于惊涛骇浪的大海中，虎豹似乎在周围怒吼，雨伞油布失去了抵抗力量，坐着，屁股上被川流不息的刷洗，衣服全湿透。我同两个青年干事，挤坐一堆，死死抱紧伞和油布，又饿又寒的肚子，在那里起化学作用，个个放出很臭的屁，虽然臭得触鼻难闻，但因为空气冰冷，暴雨压迫，也不愿意打开油布放走这个似乎还有点温度的臭气。王青年干事，拿出一把炒麦子，送进我的嘴巴，于是就在这臭气里面咀嚼这个炒麦子的滋味。

本来这些地方平常就要冷得下雪，在气候突变的夜晚，其冷更不待言。同行的许多同志，冷得发哭哀吟，然而我们很多共产党员、布尔什维克的干部，却能用他坚忍不拔的精神，艰苦奋斗的模范作用去影响群众，安慰群众。就这样挨寒、挨饿、挨风、挨雨，通宵达旦。

天色已光明了，风雨也停止了，恐怖似乎不是那样厉害，大家起来，如同得了解放一样，相互谈笑，重整行李担子，一队充满着友爱互助精神的红色健儿，又继续前进了。一直走了二三十里，绕到高山上的几个破烂房子，停止休息。

热度不高的太阳，破云出现了，我们放下担子，布好警戒，用了大力，才找到一点柴火锅子，烧好开水，泡点熟粉，就这样吃了一顿。

大家都在回忆着前夜，回忆着短短的过程，一部分正在咕噜咕噜地睡着，恢复肉体上的疲劳。

山回路转，沿途都看不见人影马迹，这下子却有了我们的队伍开始往来，这使我们兴奋胆大，然而仅仅只是这一个地方，那可怕的景象，又将在我们的面前展开起来。

"走吧！赶早，时间已过半了。"

"我们红六团还在那里望眼欲穿地等候着，我们早点去早点接济他们！"

哨子一发，队伍集合，于是又继续向着目的地前进。

河水骤然高涨起来，泛滥在两岸山谷中，一条小路，有时淹没得不见，排山倒海的流水声，伴着我们行进，小雨，路又泥泞，我们埋着头一个个地跟着。

离雪山只五里路了，六团先头的几个同志与我们尖兵相遇，大队亦继续赶到。

"哎呀！不是送粮食给我们么，我们的救星！"

"你们迟到一天，我们就要饿死，真是莫大功劳啊！"

"宣传科长！你们来了，真的来得好，救了我们的命！"一下子环境变得复杂，到处喧腾起来。许多六团的同志，围拢过来，争述他们如何过草地，如何打骑兵，如何冲破困难，如何望着我们接济。我不知道怎样应付才好，怎样安慰他们才好。除了把运来的粮食全部供给他们外，连我们的私人生活必需的几天干粮也零零星星地分送给了他们，就是最后的一个馍馍，也基于阶级的同情心，分给六团的几个同志吃了。

舒同回忆："最艰苦的还是过雪山草地，那里是一片无人区，什么吃的也找不到，走在路上倒下就死的事经常发生，而且越是身强力壮的，可能因为新陈代谢旺盛，越容易发生。毛主席后来说过：'长征过来的，都算无产阶级。'因为经过了那样的考验，没有倒下的，就不会惧怕任何困难。"

这些文章，被党史界称为现场历史。

战地通讯

1935年9月20日，即腊子口战役第三天，红一军团《战士》快报，刊登舒同撰写的文情并茂的战地通讯《英勇顽强的"勇"部》。"勇"部乃部队代号，为舒同所属的红二师四团。舒同这篇仅有700字的战地通讯，记述红四团发扬飞夺泸定桥的战斗精神，顽强攻取腊子口的壮烈情景，生气勃勃，撼人心魄，成为长征纪实的佳作。

腊子口的险要远胜于娄山关，悬崖绝壁，河流横阻，有一夫当关万夫莫敌的形势。敌人以三个团兵力（一、五、六团）筑工固守。我英勇顽强的"勇"部，继续泸定桥的战斗精神，卒将敌人击溃，胜利地占领腊子口。

约十二时以后，月色朦胧，除水声枪声以外，一切都很静寂。我四、五连以其艺术的手段夜摸敌阵地。特别第六连连长、指导员、排长及六个挑选的英雄，在敌人工事底下足搅了两个钟头，沉着果敢，毫不动摇，灵活而巧妙地不断拾取敌人刚发出快要爆炸的手榴弹丢向河坝，以此没有什么伤亡。直到拂晓，最后一次协同一营动作，卒将第一线敌人摸坍。第一营的红色指战员，以同样的模范动作，夜半涉攀登右边高山悬崖绝壁，奋不顾身（有的跌死，他们始终坚持）。特别是一连连长毛振华同志及郭高生同志，只带两三个人，绕至敌人后侧打手榴弹，配合六连夜摸，胜利地打坍了固守第一线的敌人。

当胜利第一次取得之后，我夜摸的六连乘着胜利的号音猛追敌人到最后的退守的据点，地形堡垒比前又为险要。这时，二、五连的同志似乎要与六连比赛，很英勇地迅速抢上、很困难地爬上右边悬峻的高峰，敌人整个一营被他们压迫，伤亡在石壁脚下，无一生逃。

天险的、在战略上有（重要）意义的腊子口，就这样被我们占领了。击溃的敌人被我猛追，直至完全跑散为止。最后迫得隐居山上的一排敌人，自动出来投诚缴枪。

这是战略上的伟大胜利，这同时又是赤化川陕甘胜利的开始。这一胜利证明党中央路线的绝对正确。这一胜利的取得是由于干部的模范作用，红色战士们的英雄。是由于军风纪律突击的效果与战斗动员的深入，特别是这次的模范的战争动作，是值得我们学习的。

继续前进，大量消灭敌人，为创造新苏区根据地而战！

9月19日，舒同随红二师进驻哈达铺，看到国民党《山西日报》，有阎锡山军队进攻陕北红军刘志丹的消息，获悉陕北还有红色根据地的情况。舒同回忆："我们即由腊子口到甘肃南部的哈达埠（回民地区）休整，约有一周的时间。毛主席在这里向全体干部讲过一次话，特别讲到张国焘的错误路线，说他（张）不久也要走这条路的，实践完全证明了毛主席的预见。"

毛泽东召集红一、三军团以及中央军委纵队团以上干部，在哈达铺的一座关帝庙召开会议，毛泽东在会上作了政治报告，舒同也聆听了这一报告。毛泽东指出："我们要北上，张国焘要南下，张国焘说我们是机会主义，究竟哪个是机会主义？目前，日本帝国主义侵略中国，我们就是要北上抗日。首先要到陕北去，那里有刘志

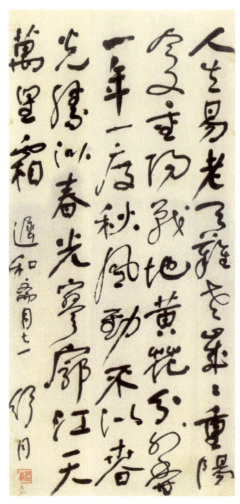

书毛泽东词《采桑子·重阳》

丹的红军。我们的路线是正确的，现在我们北上先遣队人数是少一点，但是目标也就小一些，不张扬，大家用不着悲观，我们现在比1929年初红四军南下井冈山时的人数还多哩！我们现在改称陕甘支队，由彭德怀同志任司令员，我兼政委。"

10月18日，舒同随大部队到达吴起镇，落脚陕北根据地，完成了艰苦卓绝的二万五千里长征。

根深叶茂
源远流长

舒同

红四师进驻旬邑县城后，舒同经常左手提着墨汁罐子，右手握着大刷笔，在东西城门口和大街要道书写巨幅标语。这些宣传抗日的标语，有斗大的字，有的甚至有一人多高。旬邑民风淳厚，酷爱书法的人很多，舒同写到哪里，群众就蜂拥围观到哪里。

政治建军

中央红军与陕北红十五师会合后，中央决定将一军团与十五军团合组为红一方面军。

舒同回忆：

> 到了吴起镇以后，我又奉一军团首长命令，到红四师去担任政治部主任，当时我还正在红廿师军团（徐海东任军团长）进行参观。红四师是原红三军缩编的，归红一军团建制，下辖三个团，第十团团长李天佑，政委杨勇；第十一团团长姚喆，政委王平（后李志民）；第十二团团长文年生，政委苏

1937年1月，红四师干部李天佑（前排右一）、黄克诚（后排右一）、张震（中排左四）、舒同（前排右二）等在陕西三原合影

振华。团一级以下的都是原三军团的干部。师政委是彭雪枫，为了加强对红四师的领导，军团首长派去陈光当师长，黄永胜当副师长，陈士榘当参谋长，我去当政治部主任。

1935 年 11 月 30 日，舒同参加红一方面军营以上干部大会，毛泽东高度评价直罗镇战役：“长征一完结，新局面就开始。直罗镇一仗，中央红军同西北红军兄弟般的团结，粉碎了卖国贼蒋介石向着陕甘边区的‘围剿’，给党中央把全国革命大本营放在西北的任务，举行了一个奠基礼。”

直罗镇战役后，许多被俘的东北籍新战士参加红军，他们对红军的艰苦生活、严明的纪律很不习惯。为了抓好连队的思想政治工作，舒同注意培养基层政治指导员。他主持师政治部会议时，大力推广三连思想政治工作经验，使红四师思想政治工作有了长足的进步。

从参加红军反“围剿”、长征，到开创抗日根据地、解放前后，舒同一直在党中央毛主席领导下，先后与六位共和国的元帅——朱德、彭德怀、聂荣臻、罗荣桓、叶剑英、陈毅密切配合，做秘书长、副职、政治部主任，对我党在军队的政治工作建设做出了重大贡献。晚年他还在军科院负责完成了军史战史的编纂工作，堪称为我军的政治建军奉献出了一生。

东征讨阎，西征伐马

尽管陕北根据地面积不小，但经济落后，交通不利。红军不能长期待在陕北，必须向外发展，走上抗日前线，东渡黄河，开辟吕梁山根据地，再往晋中和晋东南发展。中央军委在延长县开会研究战略方针，毛泽东在会上说明阎锡山与日寇正沆瀣一气，东征讨阎无论在政治上和军事上对红军都极为有利。东征执行"在发展中求巩固"的方针，希望红军能通过东征建立一块根据地，与陕北根据地联结，并在山西"筹款"和"扩红"，以解决陕北贫困问题。

红军东征历时75天，歼敌约七个团，4000余人，扩充红军8000余人，筹款40万元，在沿途所经的32个县宣传党的抗日主张，扩大中国共产党的政治影响，推动了抗日民族统一战线和抗日救亡运动的发展。

1936年5月5日，红军全部安全渡过黄河，回到陕北根据地休整，避免与优势敌军决战，致使蒋介石和阎锡山围歼红军于黄河东岸的计划全部破产。党中央发表《停战议和一致抗日》的回师通电，将"反蒋抗日"策略改为"逼蒋抗日"。舒同随红四师东征返回陕北后，驻延川县城西的文安驿休整。5月14日，党中央和中央军委在延川县太相寺召开团以上干部会议，舒同等150余人参加会议。会议决定继续贯彻"以发展求巩固"的战略方针，红军到黄河以南陕甘大道以北地区西征作战。

毛泽东着重说明西征的三大任务："扩大新根据地，扩大红军，打击马鸿逵、马鸿宾的封建势力。"以此促进陕北抗日根据地的巩固以及红军与东北军、西北军抗日民族统一战线的形成，策应红二、四方面军的北上。

7 月底，李天佑、黄克诚和舒同率红四师离开曲子镇，西进七营川附近活动，与东北军形成对峙。中共中央制定《关于东北军工作的指导原则》指出：第一，不是瓦解东北军，也不是分裂东北军，而是向东北军宣传党的抗日救国纲领，使东北军成为坚强的抗日力量。第二，不是把东北军变成红军，来拥护党的基本政纲，而是使东北军成为友军，将党提出的抗日救国纲领变成他们自己的纲领。每当东北军被迫向红军进攻时，均事先通知红军。红军与东北军相约，东北军不进到 200 米内，红军不开枪，或者东北军前进时，红军就后撤。红军与东北军维持互不侵犯，各守防地的原则。

欢迎斯诺

1936 年 7 月，美国记者埃德加·斯诺和医生马海德（原名乔治·海德姆）通过中共地下党组织的安排，冒着生命危险，冲破重重险阻，经过长途跋涉，由西安进入陕甘宁革命根据地。斯诺和马海德到达中共中央所在地保安县，受到毛泽东等中央领导人的热烈欢迎。他们带着对中国革命和战争的疑惑，与毛泽东及其他中央领导人进行了长时间的交谈和采访。

8 月 15 日，斯诺和马海德受到红军西方野战军司令部彭德怀等首长和指战员的热烈欢迎。西方野战军准备召开隆重的欢迎大会，红四师师长李天佑、政委黄克诚以及政治部主任舒同看到通知后，派统战科长卢仁灿带领一支由十多名代表组成的队伍，代表全师指战员，前往豫旺堡参加欢迎大会。根据红四师首长的决定，红四师从缴获"马家军"的战马中，挑选了两匹上乘战马，配上两副马鞍作为礼物。8 月 19 日，由舒同撰写了一封表达全师指战员心意的慰问信，师长李天佑、政委黄克诚、政治部主任舒同共同签署。

亲爱的美国同志：

我们全体听到你们来到苏维埃区域的消息非常的兴奋，热切地希望你们能来到我们驻地参观。可是因时间关系不允许了，兹派卢仁灿同志等前来欢迎，借（此）表示我们热切兴奋的情绪！

我们现在处在经济极落后的区域，找不到什么好的东西送给你们，兹送乘马二匹以作永久的纪念，这是不久以前在胜利的战斗中缴到马鸿宾部的。

同志们！过去国际无产阶级和劳动人民因隔我们太远和帝国主义的反动宣传，对中国人民红军的斗争的内容，多少有些怀疑与误会，我们要求你们将我们的斗争内容与实际表现广播给国际无产阶级和劳动人民，以消释他们的怀疑与误会。

中国人民红军的斗争历史证实，国际帝国主义是在用一切力量（精神的物质的）帮助着中国的反革命镇压中国革命与进攻中国人民红军，因此，我们要求你们号召国际特别是美国的无产阶级和劳动人民，在我们反对日本帝国主义及其走狗的斗争中给予同情与援助，首先反对美帝国主义用金钱和军火接济中国的反革命。

中国已成为国际帝国主义挽救危亡的最后支柱，中国人民革命的胜利，就是国际无产阶级和劳动人民的胜利，也就是美国无产阶级和劳动人民的胜利！

我们高呼：

全世界无产阶级与被压迫民族联合起来！

中美无产阶级与劳动人民联合起来！

为推翻国际帝国主义与实现全世界苏维埃联合而斗争！

中美无产阶级与劳动人民解放万岁！

并致共产主义的敬礼！

中国人民红军第四师

师长李天佑

政治委员黄克诚

政治部主任舒同

暨全体指战员同叩

八月十九日

8 月 22 日，西方野战军司令部在豫旺堡南部召开欢迎大会，政治部主任刘晓宣布欢迎大会正式开始，司令员彭德怀发表热情洋溢的讲话。卢仁灿转达了红四师的慰问，斯诺连声说："谢谢！"并风趣地为两匹战马取名："黑色的叫马鸿逵，黄色的叫马鸿宾。"人们报以欢呼和掌声。斯诺在热烈的掌声中作了简单的讲话，对受到的热烈欢迎表示感谢，对红军的二万五千里长征表示敬佩，并盛赞红军旺盛的斗志和严明的纪律。

诸位英勇的同志们：

在你们的热烈的欢迎中，我万分激动和荣幸。在你们的伟大胜利中，现在二、四方面军又很快地同你们会合了，你们的前途是无限地开展着。

我今天替你们红军拍的活动照片，我将带到世界上去传播，使全世界同情你们的人 —— 广大的劳动大众，尤其是你们的同志兴奋鼓舞。

现在，我要报告你们几条消息。

一、世界上有许多国家都同你们一样，为争取自由独立解放而奋斗，如西班牙、比利时。

二、各帝国主义国家的工人，到处在罢工示威来反对帝国主义和资本家的剥削，尤其是在苏联社会主义的胜利和中国革命的进展之下，使你们更加兴奋，斗争更加坚决。

日本侵略中国，美国共产党领导广大劳动大众起来反对日本的行动，来配合你们的行动，他们想各种办法来帮助你们。所以，你们的斗争不是孤立的，全世界的无产阶级都拥护你们。我这次要把你们几年来艰苦奋斗的经过，去告诉全世界无产阶级知道。

最后你们应努力地用中国的革命模范来推动和领导全世界的革命。

　　我们高呼：

　　中国革命万岁！

　　红军胜利万岁！

　　世界革命成功万岁！

　　斯诺返回北京后，撰写不朽的著作《红星照耀中国》，将陕甘宁边区采访的真实情况公之于众。舒同代表红四师写给斯诺的这封信，他一直视如珍宝。1972年，斯诺逝世后，为了表达他生前对与红军相处的那些日子的怀念之情，斯诺夫人洛伊斯·惠勒·斯诺将这封信的影印件赠送给中国驻瑞士大使陈志方，后由其带回中国，现珍藏在中国国家博物馆。

胜利会师

1936 年 10 月，左路军一、二、四师向西（安）兰（州）公路前进，并占领会宁和静宁等地，以迎接红二、四方面军北上会师。10 月 8 日，一、二、四方面军在会宁会师，进到海原、打拉池休整，举行庆祝会师大会。

山城堡战役的胜利，挫败蒋介石的进攻计划，大振红军军威，巩固陕甘抗日根据地，改变红军被动局面，增强红军内部团结，巩固与发展与东北军的统一战线，促进"逼蒋抗日"方针的实现。山城堡战役是红军三大主力会师后的第一大仗，也是结束第二次国内革命战争的最后一仗。

1936 年 12 月 12 日，张学良、杨虎城发动西安事变，实行兵谏，逼蒋抗日。为了支援东北军的爱国行动，红四师奉命从宁夏盐池出发，南下三原地区待命。

1937 年 2 月，西安事变和平解决后，红四师移驻旬邑、正宁地区进行整训。政治部主任舒同关心干部，爱护干部，特别关心干部的成长，经常组织干部深入基层，接触和了解干部。舒同注重抓部队的作风建设，因为"如果不在作风上有个改变，就很难和基层打成一片。特别是今后下基层独当一面，就很难适应基层生活"。还要求着装整洁，要打绑腿，必须出早操。起初有些同志不习惯，甚至发牢骚，但经过训练后，也习惯成自然。

舒同对干部的文化学习要求严格，要求团级干部都写日记，写好后送舒同批阅。舒同特别关心已调任红四师政治部组织科科长的欧阳文的成长，专门教欧阳文练习书法，学写毛笔字。舒同先写一张正楷字作为范本，让欧阳文模仿练习，要求欧阳文每天必须照着写一张毛笔字。舒同一笔一画改得非常仔细，改完后还给欧阳文讲解。

舒同作风民主，生活简朴，严于律己，平易近人。欧阳文回忆："在我们相处的这段时间里，我发现他从不以领导自居，凡是他对我们要求的，他都能率先做到，并且比我们做得好。有了工作先找我们科长商量，统一意见后，他再做决定。"

红四师进驻旬邑县城后，舒同经常左手提着墨汁罐子，右手握

舒同题写的书刊之一斑

1986 年，舒同返西安征借书作时，与吴敬贤畅谈往事。谢继祥摄

着大刷笔，在东西城门口和大街要道书写巨幅标语，如"打倒日本
帝国主义！""国共合作，一致抗日！""团结一致，将抗战进行到
底！""有钱出钱，有力出力！联合起来，将日本鬼子赶出中国去！"
这些宣传抗日的标语，有斗大的字，有的甚至有一人多高。旬邑民风
淳厚，酷爱书法的人很多，舒同写到哪里，群众就蜂拥围观到哪里。
甚至到了 1939 年，国民党在旬邑制造反共摩擦时，下令将共产党所
写标语全部洗刷干净，唯有对舒同所写的标语，只铲除"红四师宣传
部宣"的落款，标语内容仍保存很长时间。舒同为统战工作，给旬邑

名人留下书作。其中五言联"洗砚鱼吞墨，烹茶鹤避烟"，上款"警钟先生雅正"，下款"赣南舒同书"，1986年，筹办舒同书展时，曾征集到此幅。舒同看到大喜过望，不料此作竟在书展前失窃。

在旬邑北家坊小学教书的吴敬贤当时仅19岁，晚年深情回忆往事："群众以为在大街上书写标语的舒同不过是个一般宣传员，没想到会是红四师的'大干部'。舒同讲话声音洪亮，吐字清晰，有理有据。最后提高嗓音号召：有钱出钱，有力出力！军民联合，团结起来，将抗日进行到底。"舒同铿锵有力的宣传鼓动，使在场的群众受到一次深刻的爱国主义教育。他也常常深入学员中，宣传马列主义。宋志成回忆："舒同是红军高级军官，待人很随和，以平易近人的态度与学员接触。一次给学员做报告，讲抗日任务时，讲到热血青年要抗日，他问谁愿意？吴敬贤就搭话，索要学习资料，舒同满口答应。以后，吴敬贤多次到县城南门内四师政治部驻地，向舒同求教、学

任八路军总部秘书长的舒同为抗日军政大学题写的校名校训

写字，聆听当面教诲。舒同送给吴敬贤《向导》刊物，并借给他报纸看。红军是种子，走到哪里就把革命的真理传播到哪里。"吴敬贤酷爱舒同的字，更敬佩共产党人的革命精神和高尚品质。在舒同的感召下，吴敬贤由幼稚走向成熟，并踏上了革命道路。

1986年，退休后的吴敬贤还为舒同书法研究工作及书展做出贡献，并在旬邑县找到了当年舒同赠予当地的那幅留存至今书写最早的书作。

舒同在长征路上，曾以书法作为革命宣传武器，动员青年参加红军，不少青年被吸引过来了。头一个要求参军的定襄县南王中学的张际功，仰慕舒同的才华，又有强烈的抗日愿望，后来当了舒同的秘书。

开创根据地

　　1936 年，在中国共产党抗日民族统一战线政策推动下，阎锡山提出"守土抗战"口号，成立"山西牺牲救国同盟会"，以薄一波为首的"中共山西省公开工作委员会"，实际主持"牺牲同盟会"工作。中共定襄中心县委成立"定襄牺盟分会"，以公开合法形式，领导全县抗日救亡运动，秘密开展党的工作。七七事变前，定襄已有 80 多个村建立牺盟支部或小组，发展会员 8000 余人，建立中共党支部 14 个，有党员 90 余人。

　　"双十二事变"后，1937 年 8 月 25 日，中央革命军事委员会正式下达命令，红军改编为国民革命军第八路军，下辖一一五师、一二〇师、一二九师，其中，第一一五师由原红一军团、红十五军团和七十四师组成，舒同调往八路军总部任秘书长。9 月 14 日，舒同随八路军总部离开澄城。9 月 25 日，八路军总部指挥一一五师首战平型关，歼敌板垣师团 1000 余人，烧毁敌汽车 200 多辆，缴获大批军用物资。平型关大捷，打破"皇军"不可战胜的神话，极大地鼓舞了全国军民抗战信心。捷报传到总部，舒同欣喜若狂，备受鼓舞。

　　舒同以高昂的斗志，奉命分兵发动群众，控制广大农村，组织人民抗日武装，"随总部赴华北率工作团在晋西北五台、定襄一带发动群众，组织武装，开创晋察冀抗日根据地"。

　　舒同在长征路上，曾以书法作为革命宣传武器，动员青年参加红军。王宗槐在回忆录中写道："这次扩兵，我们利用了这个有利条件，让他多写字，为八路军露露脸。这一招很管用，不少青年被吸引过来了，头一个要求参军的是定襄县南王中学的张际功，他仰慕舒同的才华，又有强烈的抗日愿望。我们就吸收这个有文化的热血青年，后来，他当了舒同的秘书。"由于开展形式多样的发动群众工作，定襄青年很快就掀起参军热潮。"拿起武器，保卫家乡"的口号，逐渐成为群众自觉的要求和行动。不到一个月时间，就吸引了1000多青年参加八路军。舒同等人从太原八路军办事处主任程子华那里争取了300支仿日造"三八式"步枪，发给刚组建的新兵团。

舒同和王宗槐率领"战地工作团"，发动群众，组织武装的工作，为后来在晋察冀西部地区创建根据地打下了坚实基础。

1937年10月，舒同接到八路军总部命令，要求他返回五台一趟。舒同被告知将开辟晋察冀抗日根据地，由他出任一一五师政治部主任。

1939年在唐县和家庄，后排左起：陈漫远、赵尔陆、马辉之、程子华、王平、彭真、聂荣臻、关向应、邓华、孙毅、许建国；前排左起：王震、舒同、罗元发、肖克、朱良才、刘道生。沙飞摄

五台履新

平型关大捷后，八路军总部决定由聂荣臻率一一五师留守五台山地区，创建晋察冀抗日根据地。任弼时和邓小平推荐舒同出任师政治部主任："是不是把舒同调去担任此职，他现在是总政治部秘书长，字写得很好，曾被毛泽东誉为'马背书法家'，目前正率工作团在五台、定襄一带开展工作。"

1937年10月14日，国民党东北军五十三军六九一团在河北省晋县小樵镇举行誓师大会，在"保卫华北，保卫家乡"的口号声中，宣布改称人民抗日自卫军，由吕正操任司令员。

后来，聂荣臻和舒同决定派遣王宗槐前往王快镇协助人民自卫军整训。王宗槐组织营团干部到军政干校和军区直属队参观学习，从中学习人民军队的优良传统。整训期间，抗敌剧社的宣传队员在台上表演节目，演唱《我的家在东北松花江上》，东北籍官兵泪如雨下，激起对日本侵略者的满腔仇恨和对国民党不抵抗政策的强烈愤怒，激发抗战的热情。

通过紧张的整训，人民自卫军建立党的组织和政治机关，加强政治工作，提高部队的政治觉悟，克服军阀主义习气，增强内部团结。部队初步理解了人民军队的光荣传统、党的统一战线政策、游击战争的战略技术、发动群众和建立抗日根据地等工作。人民自卫军赴平汉路西晋察冀军区的整训结束后，立即返回冀中平原开展平原游击战争，使冀中抗日斗争出现高潮。

1937 年 11 月 7 日，根据中共北方局关于立即筹备建立晋察冀边区政府并准备公开军区司令部的指示，晋察冀军区在五台县石嘴普济寺正式宣告成立。由聂荣臻任司令员兼政委，唐延杰任参谋长，舒同任政治部主任。

1938 年，日军急于侵占徐州、武汉和广州等地，沿平汉路和粤汉路向中国腹地进犯，并以武力向国民党进行迫降，企图速战速决，在

晋察冀边区政治部主任舒同。沙飞摄

短期内灭亡中国。中共中央决定借此在敌后放手发动群众，开展游击战争，开辟根据地。聂荣臻首先注意到后来定名的作为晋察冀抗日根据地的"心脏"的北岳区。

聂荣臻提出："我们的领导机关得往前靠。我看阜平这个地方不错，位置适中。平型关战斗时，我曾到过阜平以西的下庄、龙泉关、上寨等地，那里地形险峻，敌人的机械化部队展不开，骑兵也很难活动，在那里打游击战对我们很有利。所以，我当时就说，'这是条游击之路。'在阜平，如遇到敌人大的进攻，我们可以往西靠，与他周旋。"舒同和唐延杰等都表示赞同。

11 月 18 日，舒同随聂荣臻带领晋察冀军区机关到达阜平，从此，这个冀西的小县城，成了晋察冀抗日根据地的政治军事中心。

办《抗敌报》

1937 年 12 月 11 日，晋察冀军区政治部在阜平城南关文娴街赵家大院后院的三间北房创办《抗敌报》，由军区政治部主任舒同兼任社长，沙飞任副社长，舒同还题写了《抗敌报》的报头。舒同与阜平县民族革命战争战地总动员委员会主任王平协商，将阜平县办的《抗战》油印小报以及人员移交政治部，组成晋察冀军区政治部石印组，专门负责印刷《抗敌报》。擅长摄影的沙飞从未编过报纸，但他尽最大努力，组织编辑和组稿，每篇稿件都由聂荣臻和舒同审查。

《抗敌报》创刊时，"正当军区部队粉碎了敌人的八路进攻，得到了初步的胜利，国民抗日军和八路军会合，人民自卫队大检阅，边区政府筹备委员会成立，军区的基础初步巩固的时候"。因此，可以说军区政治部创办了一份群众性的报纸。

题《抗敌报》报头

1938 年 1 月 20 日，自第十二期报纸出版后，《抗敌报》的内容和形式都有所改变，使用洁白新闻纸，双面四版排印，在新闻材料的选择、整理和编排上，也有很大的革新。舒同回忆："我们连续出版到二十三期，就遇到了 3 月 7 日敌寇进攻阜平的事件。我们第二十四期的报纸，刚刚上版就被敌人的飞机炸毁。同时我们的石印机因过于笨重，且为时间及人力所限，未及搬出，亦为敌人所毁。"舒同将幸存的同志召集起来，立即开展恢复《抗敌报》的紧张工作。舒同鼓励报社同仁，残暴的敌人虽然毁灭了机器，但毁灭不了我们坚决奋斗的精神。我们的抗敌武器不仅不能丢掉，而且还要迅速恢复，扩大篇幅，充实内容，改进编排，以新的面貌早日与读者见面。纪念《抗敌报》创刊第五十期时，舒同挥笔题词："凿山开路的毅力，艰苦奋斗的精神，边区抗敌的文化武器，中华民族解放的象征。"

1938 年 4 月，《抗敌报》从军区政治部划出，改为中共晋察冀省委机关报，由邓拓任报社主任兼总编辑。1940 年 11 月，《抗敌报》改名为《晋察冀日报》。1948 年 6 月，《晋察冀日报》与晋冀鲁豫边区的《人民日报》合并，在石家庄出版。《抗敌报》成了坚持敌后游击战争和建设根据地的舆论工具，中国共产党联系群众的一条纽带，也是当今有着广泛影响的中共中央党报《人民日报》的最早源头之一。

1939 年 11 月 12 日，伟大的国际主义战士白求恩在河北唐县逝世。舒同书写了"白求恩大夫追悼大会"会标以及礼堂横幅。舒同还题写白求恩墓铭"永远不灭的光辉"，并有专文刊于《抗敌三日刊》：

1939 年 11 月 9 日，题 "白求恩大夫追悼大会" 会标及礼堂横幅

永远不灭的光辉

久为边区军民所最敬爱的国际友人军区医药顾问白求恩大夫，在这次边区反对日寇扫荡激战剧烈的时候，在前线工作，竟因传染病重逝世！这杰出的加拿大布尔什维克国际主义者的死，无论对中国对全世界的革命运动都是很大的损失！

白求恩同志不仅是著名的医学家，而且是革命行动家。他以对无产阶级革命事业的无限忠诚与献身精神，曾参加西班牙人民反对德意及其走卒佛朗哥的战争，他也因此参加了中国人民的抗战。

在军区 18 个月的工作中，他充分地显现了一个共产主义者模范的精神。他为医疗工作废寝忘餐，不知疲倦，他为救护伤员出入火线往来奔波，他为救治重伤自己输血……总之，他一切没有不是为着中国人民解放的胜利，一切没有不是为着无产阶级革命的胜利，最后直至病倒担架，仍必亲临火线周围，指导阵地初步医疗，弥留之前仍然对以后工作作详细的建议。白求恩同志，这种高度的革命热情，这种严肃认真的工作态度，这种雷厉风行的工作作风，这是值是我们学习的。它对军区卫生工作上许许多多宝贵的建议，需要我们很好地继承和发扬，这是我们伟大国际战士永远不灭的光辉。

1940 年春，题白求恩墓"永远不灭的光辉"

在舒同的领导下，晋察冀军

区政治部还创办抗敌剧社，成为一支实力较强的文艺团体。聂荣臻关心抗敌剧社的成长，谆谆告诫舒同："我们的革命根据地不仅在政治上最光明的地方，在文化上也应该是最先进的地方。""我们要有力地抵制敌伪腐朽文化，使扼杀进步文化的国民党统治区相形见绌。咱们边区汇集了众多有志有力的文化战士，尤其是平津地区来的大批优秀的知识青年。我们应该很好地发挥他们的作用，同时也帮助他们，使他们在斗争中锻炼成长。"因此，舒同要求抗敌剧社："要有反映敌后人民、军队和政权的创作才是真正的密切的为我们的群众服务。"

刘肖芜在《抗敌剧社实录》中回忆："政治部主任舒同来了，不是做报告，不是下指示，而是找了几个人谈家常，讲故事。其实，就这么随随便便地，他不但讲了边区的形势，而且还提供了写作的素材和指导思想。"舒同离开后，当时的剧社领导人汪洋就找到刘肖芜、刘佳和郑红羽，创作反映边区现实生活的多幕话剧《我们的乡村》。在军区成立二周年庆祝大会上，话剧演出非常成功。

"中日关系史上的备忘录"

晋察冀边区的武装斗争迅猛发展，至 1937 年底，晋察冀军区部队迅速发展壮大到 2 万多人。这些短时间组建起来的队伍，由于新成员大量涌入，致使纪律涣散，各种不良倾向的行为时有发生。12月 25 日召开的晋察冀军区第一次政治工作会议由聂荣臻主持，着重研究解决部队大发展时期遇到的各种问题，强调建立党的组织，加强政治思想工作。

舒同对加强部队的政治思想工作，特别是党的建设工作特别重视。1939 年，晋察冀军区政治部又在唐县上围子召开政治工作会议，主要研究开展政治整军问题，舒同做了重要讲话。会议决定在全区部队开展政治整军，建立健全党的各种生活制度、会议制度，开展争当模范党员、模范干部活动。舒同将晋察冀军区部队的建党工作经验作了系统的总结，创立游击队时期党的基本方针为："大量发展党员，尽可能地在每一活动单位的游击队中建立起党的支部。"

晋察冀军区敌后战时政治工作取得一定的成绩，日军不再像平型关战役一样，宁肯战死也绝不投降，其厌战情绪与反战运动与日俱增。晋察冀抗日军民在娘子关战斗中，俘获侵华日军某部"宣抚"班班长浦田好雄，浦田好雄受到晋察冀军民优待。浦田好雄好友、驻石家庄日军宣抚官东根清一郎获讯后，致信军区司令员聂荣臻和政治部主任舒同，要求释放浦田好雄，并对中日战争进行歪曲的解释。东根清一郎声称："深知贵军向来不杀俘虏，愿以二千元买西药赎回。"

9月17日,《抗敌报》全文刊登《军区聂司令员、舒主任致东根清一郎书》。

东根清一郎阁下:

书来,以释浦田好雄为请,并及中日战争因果,仆有不能已于言者,谨略陈其愚,幸以晓左右。

中日两大民族,屹然立于东亚,互助则共存共荣,相攻则两败俱伤,此乃中日国民所周知,而为日本军阀所不察。彼军阀法西斯蒂,好大喜功,贪得无厌,平日压榨大众之血汗,供其挥霍,战时牺牲国民之头颅,易取爵禄。既掠台湾朝鲜、澎湖琉球,复夺辽宁吉林、龙江热河,遂以中国之退让忍耐为可欺,日本之海陆空军为万能,妄欲兼并华夏,独霸亚洲。故继"九•一八"之炮火,而有卢沟桥之烽烟。中国迫于亡国灭种之惨,悚于奴隶牛马之苦,全国奋起,浴血抗战,戮力同心,以御暴敌,惟在驱逐穷兵黩武之日本军阀,非有仇于爱好和平之日本国民也。是非曲直,人所共见,阁下竟谓出于误会,岂非混淆黑白之语?

中国人民之生命财产,虽横遭日本军阀之蹂躏摧残,然为独立自由而战,为正义和平而战,其代价之重大,非物质所能衡量,故不惜牺牲一切,以与暴敌抗战到底。

日本国民既无夙仇于中国,未受任何之侵凌,强被征调,越海远征。其离也,委厂肆于城郭,弃田园于荒郊,父母痛而流涕,妻子悲而哀嚎,牵衣走送,且行且辍,虽属生离,实同死诀。其行也,车有过速之恨,船有太急之感,见异域之日迫,望故乡而弥远,梦幻穿插,生死交织,心逐海浪,不知何之。

及登中国之陆，立送炮火之场，军威重于山岳，士命贱于蚊虻，或粉身而碎骨，或折臂而断足，或暴尸于原野，或倒毙于山窟，所为何来。

其或幸而不死，经年调遣转移，炎夏冒暑而行，冽冬露营而宿。时防遭遇，日畏游击，征战连年，无所止期。军中传言，充耳伤亡之讯；家内来书，满纸饥寒之语。山非富士，不见秀丽之峰；树无樱花，莫睹鲜艳之枝。望复望兮扶桑，归莫归兮故乡。生愁苦于绝国，死葬身于异邦，能勿痛乎？

战争进行，瞬将两年，中国损失之重，破坏之惨，固勿论矣；日本死伤之多，消耗之大，又如之何？国家预算，增至一百一十万万，国民负担平均一百五十余元。日用必需，剥夺殆尽；军需原料，罗掘一空。长此继续，已慢崩溃有余，设遭意外，其将何以应付？老成凋谢，竖子当国，轻举妄动，祸人害己。识此，日本军阀法西斯蒂，不特中国国民之公敌，实亦日本国民之公敌也。识者果一反其所为，东亚秩序，不难立定，世界和平，不难实现。

浦田好雄，在此安居无恙。所附家书，希以寄其父母。军中少暇，不尽欲言，聊布腹心。

顺颂

安好

聂荣臻　舒同

六月十三日

1991 年 9 月 18 日，人民日报重刊此文，编者按称："据新华社记者郭玲春报导，五十二年前（1939 年 9 月 17 日）晋察冀《抗敌报》刊登的《聂司令员舒主任致东根清一郎书》引起了史学家的注意，认为是'中日关系史上的一份备忘录',是一个民族与另一个民族的对话。值此"九·一八"事变六十周年之际，特将本报图书馆收藏的《抗敌报》上所载这封信全文刊载，标题和编

在百团大战前线指挥对日作战。从左到右：聂鹤亭、聂荣臻、杨成武、舒同。沙飞摄

者按语也照原样刊出，以飨中日两国读者。"并评论：

诚如聂荣臻、舒同信中所言，"中日两大民族，屹然立于东亚，互助则共存共荣，相攻则两败俱伤，此乃中日国民所周知，而为日本军阀所不察。""日本军阀法西斯蒂，不特中国国民之公敌，实亦日本国民之公敌也。"愿中日两国人民共记之，珍惜来之不易的中日友好关系，使友谊世代相传。

舒同在《论目前敌后抗日游击战争中战时政治工作的基本特点》中强调：

日军乃是现代帝国主义的军队，对于敌后抗日根据地的进攻，不仅表现在军事上的"扫荡"，同时也配合政治上的欺骗，经济上的毁灭，以及特务工作的阴谋。这就增加了敌后抗日游击战争中战时政治工作的繁重性。揭破敌人在"扫荡"中的政治欺骗和政治诱降等阴谋诡计，是目前战时政治工作不可忽视的重要部分。

政治工作

　　舒同在部队长期从事政治工作，积累了丰富的政治工作经验，充分认识到政治工作在军队中的生命线作用。军队的成败利钝，也往往受到政治工作的考验。大革命时期，国民革命军之所以能以风驰电掣般的速度向北挺进；十年内战时期的红军，之所以能冲破一切围攻，历经二万五千里，战胜雪山草地的艰难险阻；抗战以来八路军在华北广大地区，之所以能在敌人严重的军事压迫下，坚持敌后游击战争，战胜了敌人无数次的进攻和"扫荡"，其根本原因之一，就在于部队中建立的政治工作。这是毛泽东建党建军思想的基础所在。

　　舒同总结了晋察冀军区三年来政治工作取得的辉煌成绩，主要有九个方面：

　　一、将华北沦陷区变成根据地。晋察冀军区八路军一一五师领导边区广大民众，坚持敌后游击战争，收复华北大片国土，迄 1940 年建立 86 个县的抗日民权政权，面积达 10 万平方公里，人口有 1200 万，成为巩固敌后游击战争的战略基地，敌人的心腹大患。

　　二、边区部队由游击队发展成为正规军。中国革命战争的发展规律是由零星的游击战，发展到正规的运动战。军区游击支队成立之后，也向着正规化的方向迈进。1938 年春，军区主力部队进行第一次整训，重点是军风纪律教育。1939 年春，又进行第二次大规模的整编运动。1940 年，进行第三次全面政治整军运动。将游击兵团发展成为正规兵团。

三、建立军民的血肉联系。民运工作是政治工作的基本对象之一，尤其是创造根据地初期，它是政治工作的关键。边区群众的斗志被激发，成为敌后抗日战争的支持者和拥护者，拥护边区政府的建设，响应边区政府的号召，自动自发地参加破路战，处处袭扰敌人，围困压制敌人，配合部队作战，自动抬送伤兵，打扫战场，运输粮食军用品，每次战役动员民众数千人。

四、部队越打越多，动员民众的方式多样，不仅仅由部队单独开展，而是集中党政军民力量，有组织有计划有系统地进行动员。妇送夫，母送儿，全家父子兄弟参加部队的光辉例子不胜枚举。唯有充分深入的政治动员，才能得到广大群众的同情，为部队的补充开辟无穷的源泉。

五、加强政治工作的堡垒。党的工作是一切政治工作的基础。军区在建军同时，也努力进行党的建设，特别是在三次大规模的整编整军中，有了长足进步。路西部队曾创造 36 个模范支部，以及若干总支、分总支，支部在连队中起了核心作用。部队党员在每次战役中都表现了大无畏的牺牲精神，一分区在大龙华的反"扫荡"战役中，党员伤亡达 80%以上。

六、涌现新的领导力量。军区根据自力更生的原则，培养 90%以上的新干部，人数达 8000 人以上。开办时间长、规模较大、全军区性质的军政学校，各分区开办教导队，军区以下开办各种专门性质的短期练班，设立副职，从工作中培养干部，加强在职干部的轮流培训，改变连队文书成分，吸引其参加战斗和政治工作，加强政治战士教育，成为培养连队干部的重要对象。

七、从武装手足到武装头脑。部队创建伊始，就强调政治教育，民族解放教育、阶级教育、传统教育以及马列主义教育，成为政治教

百团大战前夕，主攻部队在平山吊儿庄开首长会议。从左到右：舒同、聂荣臻、杨成武、聂鹤亭。沙飞摄

育的主要内容。干部有集体学习制度，干部墙报、干部日记、干部读书组、时事研究班，曾经是干部文化学习的有效形式。文化娱乐方面有抗敌剧社，活跃在战场上以及每个乡村的角落。

八、取得反敌特奸细斗争的胜利。特务与汉奸以最隐蔽的方式，配合敌人"扫荡"，破坏边区统一战线，瓦解抗日武装，达到消灭边区的目的。军区依靠觉醒群众力量，依靠深入的政治工作，特别是党的锄奸政策，粉碎日寇特务汉奸的一切活动。

九、给敌人埋下炸弹。敌伪军存在不可调和的矛盾，有敌军士兵与法西斯军阀的矛盾，有伪军官兵与少数汉奸之间的矛盾，以及敌伪军相互间的矛盾，成为瓦解敌军争取伪军的主要依据。军区培养大批开展敌军工作的干部，建立专门的工作系统，部队有了普遍的动员与教育，克服对敌伪工作的不正确观点，并动员全体人员学习日语。敌军厌战情绪与日俱增，反战行动也时有发生，争取伪军达一万五六千人。

一九三八年十一月二十日至二十一日，日本侵略军十四架飞机轰炸延安，投下一百一十枚炸弹，将延安的农贸市场夷为平地。党中央做出决定，要表示中国共产党人不屈不挠，就在被炸掉的这个地方，重建『延安新市场』。当时舒同没有想到，他应毛泽东之邀题写的延安新市场这几个字，三年以后，为他牵起了一段姻缘。

宝塔山下

舒同手工放大毛泽东书"实事求是"

晋察冀军区以及中共中央晋察冀分局向所属各个军区、分区、地委、行署等党政领导通报党中央筹备七大的通知，舒同当选为中共七大代表。1940 年春，晋察冀军区和中共中央晋察冀分局发出通知，指示代表到晋察冀军区所在地阜平集中，赴延安参加七大。由陈伯钧任队长，孟庆山任副队长，舒同任政委，共 140 余人，行军在敌占区白水遭到日军伏击。

舒同回忆白水遇险经历："那次遭敌人伏击，我被惊奔的战马抛下一个壕沟，多亏警卫员把我拉上来，在黑暗中我们想办法联络失散的同志聚合起来。"毛泽东和陈云认为"白水遇险"乃是疏忽所致，未造成更大损失实属侥幸。舒同因处变不惊，受到表扬。

舒同到延安后，因七大推迟召开而进入中央党校高干班学习。他帮中央党校手工放大了毛泽东所题写的"实事求是"，刻在四块各一平米的巨大方形麻石上，成

中共中央党校

题中共中央
党校校名

为党校的标志；又题写了"中共中央党校"的校名，传为佳话。党校以自学为主，生活并不太紧张，找对象的事提上日程。1942年7月，舒同和石澜在延河沙滩一见钟情，缔结终生的革命情谊。

石澜原名施莲，生于浙江嵊县和新昌交界的曹娥江畔。由于父母信仰基督教，与施姓的封建族规格格不入，受到族内歧视。于是，父亲施南生决定脱离施姓族长的势力范围，为子孙后代寻找一块安居乐业的地方。

施南生从嵊县出发，途经宁波、绍兴、杭州、临安、昌化，一直往西行，沿途传经治病，终于到达浙江西部与安徽交界，东西天目山麓的于潜县横塘村驻留下来。施南山变卖了嵊县家中的几亩稻田、桃园和旧房，举家迁往横塘，重新添置田产，将新买的三间堂屋腾出来做教堂，亲自写上"耶稣堂"三个大字。于潜县教堂和杭州教堂牧师都为施南生的虔诚所感动，经常到施南生自办的耶稣堂做礼拜，令"施先生"的声名远播。

石澜在家自学三年，插班考入于潜县藻溪镇丰前小学六班就读。此时发生九·一八事变，石澜也报名参加义勇军，穿上青灰色的义勇军军装，手持木制步枪，成为义勇军的班长。后来石澜看到福建省教育厅关于义务教育师资训练班的招生广告，承诺毕业后统一分配做义务教育工作，遂从浙江经上海通过海路到了福州，以第一名的考试成绩被录取，毕业后分配到福州市五里亭义务教育实验区工作。但是，日寇的铁蹄击碎了石澜"做一个自立新女性"的梦想，祖国的危亡，民族的灾难，迫使石澜投入到抗日民族解放斗争中去。1937年已加入国民党的石澜因国民党的丧师失地失去希望与信心，毅然决定投奔延安，参加共产党领导的抗日军队。1938年4月，石澜的同学林振吾和王新昆夫妇带石澜去大哥王效山家中做客，王效山透露只要到武汉找到八路军办事处，即可安排前往延安的秘密路线。5月，石澜即利用实验区坐小火轮到建瓯停靠码头的机会，坐车前往江西玉山，挤上浙赣铁路西去的列车，到达长沙姐姐家中转赴汉口。石澜找到八路军驻武汉办事处，通过王一贯介绍，与20多位同学，一起搭上开往西安的列车。石澜等人找到七贤庄西安八路军办事处，开了集体介绍信，步行14天800多里，终于到达洛川。

石澜参加驻洛川的八路军总部随营学校学习，编入三支队，聆听朱德总司令作的《华北敌后战场的现状》报告。三个月训练结束后，三支队重新组队东渡黄河进入晋东南游击区，石澜选择留下，转赴延安杭大继续学习，编入抗大女生大队八大队。

1939年1月，石澜在抗大学生队学习结束，编入抗大二大队（即职工大队）任文化教员。石澜向职工大队党支部组织委员厉瑞康递交入党申请书，于1939年4月22日加入中国共产党。石澜经常关心敌后战场情况，也了解晋察冀军区政治部主任舒同能写一手好字，题写过"中国人民抗日军政大学"校名和"团结、紧张、严肃、活泼"校训，舒同所在的晋察冀军区政治工作扎实，有口皆碑。石澜喜欢舒同的字，觉得似曾相识，好像上学时临摹过的颜体书法。星期日上午，石澜与同伴到延安旧城南门外去逛，进入街口时，看见牌楼横额上有舒同书写的"延安新市场"五个大字，觉得有飞龙腾空的独特气魄。从晋察冀过来的同伴向石澜介绍，这是军区政治部主任舒同写的字，并你一言我一语地述说："舒主任是个宣传家，他在万千人的大会上做报告，不用稿子、扩音机，只是站在临时搭起的高台下侃侃而谈，台下听众鸦雀无声，聚精会神地听，可见吸引力多大！而当他领着大家喊口号时，声音可洪亮哩，激昂慷慨地把大会的气氛引向高潮。"石澜听到同伴的介绍，激发了好奇心，插了一句："他一定身材高大，魁梧英伟吧！"女伴纠正："咳！你不知道，他是个短小精干的人，个子和我们差不多！"并笑弯了腰。女伴议论无意，石澜听者有心：

　　由于脑子里已经留下关于晋察冀军区政治部舒主任的传说，所以看报纸杂志的时候，很自然地就注意到有关这方面的报道 —— 不注意则已，一注意起来，就经常在《晋察冀日报》《抗敌报》以及《八路军军政杂志》上看到舒同写的文章和工作情况报导。我现在还记得一篇《论敌后抗日游击战争中政治工作的基本特点》的文章，刊登在《八路军军政杂志》上，文章很长，主要是谈政治工作要结合敌后战场的特点，不要一般化，写的是从实际工作中总结的经验。我看了印象较深。还有《抗敌报》的报头也是舒同写的。报纸上经常刊登军区政治部领导的"抗敌剧社"在农村演出的消息，写他们如何与农民同台演唱抗战歌曲、活报剧，记叙了演完之后有的小伙子当场要求参军去打日本鬼子等动人场面；他们的"抗敌剧社"，不仅有戏剧队、唱歌队，而且还有一个书画队，在农村驻下后，剧团党员们组织演出，而书画队则从事撰写标语、

1937 年 12 月，在福州义务教育训练班的石澜

创作漫画、张贴传单等各种文字宣传工作，作用就比单纯的演出要大得多。

石澜由组织安排，进入延安中国女子大学继续深造。在中国女子大学结业后，又考入中央研究院。

延安整风运动开始后，中央研究院也进行整风动员，负责人罗迈代表院党委说了几点意见：院党委成员与各研究院主任应是整风检查委员会当然的成员；整风要检查研究院领导工作，同时每个人也要检查自己，认真进行自我解剖；整风时院部出墙报，但来稿必须用真名，不用匿名。罗迈讲完以后，因身体不适，提前离开。王实味站起来提出罗迈的三点意见活现了过去家长制的领导作风，这是"比猪还蠢的作风"。整风检查委员会成员应全部民选，反对院党委委员和各研究室主任为当然成员，要实行彻底民主、绝对民主，选上谁是谁。于是，大会引起争论，通过投票表决，以48对28票否决了罗迈的意见。王实味继续提出整风要检查每个人的骨头，凡是敢于向"大人物"和"上司"提意见者，就是"至大至刚"，否则，就是"软骨头"，就是"歪风邪气"。

石澜略作思索，觉得王实味的所作所为很不正确，遂站起来提出反对意见。石澜陈述："罗迈同志的意见是正确的，也代表了院党委的意见。王实味同志不该闭着眼睛，只凭冲动发言，更不该骂人。大会否决罗迈的意见，在组织上是错误的，因为党章规定，下级要服从上级。整风的目的毛泽东在讲话中说得清楚，没有听到他还要检查每个人的骨头。一个共产党员的骨头，就是政治气节，这只有在对敌斗争中去考验，没有听到说对领导人提意见就是至大至刚的硬骨头。"石澜讲完，既没有人喝彩，也无人反对。会后，石澜将自己的意见写成文章，请中国政治研究室的李宇超指正。李宇超是个老共产党员，看了石澜的文章后，表示支持和鼓励，并率先在文章中签了名。石澜用"梅洛"作为笔名，将共同署名的文章，发表在中央研究院的《矢与的》第二期墙报上。这是公开批判王实味的第一篇墙报文章，引起了全院的轰动，后来也引起舒同的关注。

关于舒同与石澜的第一次见面，石澜有过形象的回忆：

在一个夏日的傍晚，我与研究院部分同志在延安河边沙滩上，一边走一边无拘无束地谈论着。人们已用"梅洛"的笔名呼喊我。我平时语言不多，态度拘谨，只有在这时候，才像被解放了一样，异常活跃，喜欢打着手势说话，有时还打着"脚势"，不时地踢着沙滩上的小石头。这时在沙滩的对面，也有一群人向我们这边走来，那是中央党校的学员。彼此相遇，各人都和自己熟悉的人打着招呼，有的还谈论着整风中批判王实味思想的种种见解。这时，我感觉到对面的人群里有一束透人心肺的目光，正向我注视。我不觉一惊，抬眼望去，只见一个个子不高，黝黑瘦削而精神抖擞的军人。这是谁？我心里发问，同时不自觉地转移了自己的眼神。

舒同与石澜在延河沙滩上相遇，激起了爱的波澜。两天后的星期天早上，石澜的女伴李冰洁的朋友雷任民带舒同自中央党校一同前来。雷任民介绍舒同是长征过来的红军，现任抗日根据地晋察冀军区政治部主任，正在中央党校学习。李冰洁将雷任民和舒同介绍给石澜。石澜一见舒同，脑海里立即闪现出延河边相遇的目光，心里竟有些慌乱，后镇定下来，口称"久仰久仰"。凡是经过二万五千里长征过来的红军，石澜和李冰洁都非常仰慕，有关红军长征的传奇故事，也是百听不厌，谈话自然而然地转到舒同长征的经历。但舒同来访的目的，并不是要谈论自己在长征中的传奇故事。他只是轻描淡写地说长征毕竟是过去的历史，抗战以来新一代参加革命的青年人，也有非常出色的故事。舒同将话锋一转，谈到中央研究院的整风运动，谈到对王实味错误思想的论战，他单刀直入，询问石澜的笔名是不是"梅洛"，赞扬她撰写批判王实味错误思想的文章，立场坚定，旗帜鲜明。雷任民和李冰洁都哈哈大笑起来，唯有石澜有些不好意思，谦虚地解释乃是通过学习和得到老一辈同志启发教育的结果。

　　舒同与石澜再一次相见，双方都留下了深刻的印象。舒同回到中央党校后，给老战友、兴国县党组织的创始人陈奇涵写信述说中央研究院的那次会见，使舒同"心向往之"。石澜也发现舍友李冰洁似乎受到某种"委托"，经常在石澜耳边絮叨，称赞舒同"身居要职"却"平易近人"，既是工农红军又文才出众，还宣称男大当婚女大当嫁，终身大事长期不定对学习和事业都有影响。而舒同更是给石澜"三天一封信，七天一访问"，让石澜抵挡不住这么凌厉的攻势。尤其是舒同一手浑厚苍劲而又飘逸潇洒的字体，压倒群雄，让石澜惊叹不已。舒同与石澜的交往时间不长，而双方已觉得好像是多年的老朋友一样。

　　夏去秋来，转眼已过去两个月。一个秋雨连绵的星期天，延河支流小西河发着秋汛，舒同仍坚持和石澜"七日一访"的约定，光着双脚，戴

1941年，舒同与石澜在延安王家坪的结婚照。肖向荣摄

着草帽，提着布鞋，涉过延河来到中央研究院窑洞前。舒同衣服全部淋湿了，冷得浑身直哆嗦。石澜见舒同狼狈的样子，连忙将他让进窑洞，用毛巾给他擦脸和擦头发。石澜为舒同的真情所感动："这难道是一位经过二万五千里长征的红军虔诚的心？是忘我的境界的革命英雄的柔情？"精诚所至，金石为开。石澜向舒同敞开少女的心扉："我是一个貌不惊人、才不出众的女子，涉世未深，只因国难当头而投奔延安寻求真理，承蒙错爱。"

舒同和石澜彼此倾吐自己心怀。

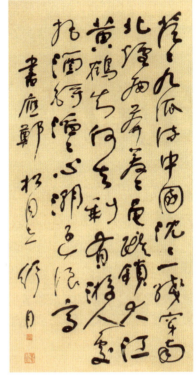

书毛泽东词《菩萨蛮·黄鹤楼》

1942 年 9 月 1 日，中央党校校长彭真作为主婚人，为舒同和石澜举行婚庆座谈会，战友们围坐在这对新人旁边，说不尽的趣话和玩笑，并一再要新人报告从恋爱到结婚的经过。舒同首先开口坦白："我们两个人，政治上是一致的，抗日救国，信仰共产主义。在组织上我们都是共产党员……石澜同志思想比较活跃，反应敏捷，在中央研究整风运动中，敢于向错误言论进行斗争，我很喜欢她。"舒同接着风趣地说："个人的恋爱问题，是革命事业中的一个小战役，没有时间和精力长期消耗，而宜速战速决；我们从恋爱到结婚，总共只三个月。"大家听了热烈鼓掌，座中有人议论："三个月不短啦！"石澜也被逼表态，故作大大方方的样子，羞涩地说："舒同同志经过二万五千里长征，是英勇的红军，我很钦佩他。"一阵掌声打断了石澜的思路，脸也因害羞而通红，她干脆坐下不说了。

舒同和石澜举行了庄重的婚宴，粗面馒头、西红柿炒土豆片，以茶代酒，举杯祝贺新婚幸福。石澜记得："结婚的当天彭真校长设宴，为我们祝贺。"新娘子石澜在结婚大典上，没有穿新衣服，还穿着平时由布条编织的草鞋，连袜子也没穿。总政治部宣传部长肖向荣用珍藏的黑白胶卷，为舒同和石澜拍下珍贵的新婚照片。

舒同与石澜结婚后，过着革命的婚姻生活。延安男女平等，女人不再是男人的附属品，有独立工作，也有独立人格，石澜并未因结婚而放弃工作。舒同和石澜遵循革命的恋爱观，男女双方自愿，革命利益高于一切，有着共同的政治理想。男女双方结婚后，既是夫妻，又是同志和战友，一心扑在革命事业上，共同语言很多，恩恩爱爱。偶尔也发生不协调的矛盾，往往都是因为婚后生育问题、孩子抚养问题与革命工作的冲突而引发，夫妻双方均能妥善解决。延安实行"军事共产主义"供给制，并没有个人的小家，人人都在食堂吃大锅饭。舒同和石澜也不例外，家中没有小锅灶，夫妻各一副碗筷。延安单身男女根据性别，分住男女集体宿舍。舒同和石澜婚后搬到王家坪一孔窑洞，将两副单人床板拼在一起成了大床，两床被褥抱到一起作为共同铺盖，用一块布将日常衣服包在一起做枕头。

"抢救运动"

抗日战争进入相持阶段以后，日军采取隐蔽手段，派遣特务潜入陕甘宁边区，从事破坏活动。国民党顽固派也不断派遣特务，对抗日根据地进行破坏。为了打击敌人的阴谋活动，纯洁党的干部队伍，党中央决定审查干部。1942 年 11 月，毛泽东在西北局高干会议上宣布，整风不仅要弄清无产阶级和非无产阶级（"半条心"），还要弄清革命与反革命（"两条心"），要注意反特务斗争。12 月 6 日，中央社会部部长康生在边区高干会上作了反奸细的报告。从此，"审干反特"工作开始。7 月 15 日，康生在中央党校作了《抢救失足者》报告，要求共产党员去抢救那些自觉或不自觉地为敌人服务的人。于是，"抢救运动"一哄而起，"全线进攻""日夜抢救"，大搞"逼、供、信"。许多来自国统区的地下党员，成为被追查和迫害的对象。舒同和石澜也无法例外地被波及。

舒同已调离中央党校，担任军委总政治部宣传部长兼秘书长，并参与负责中央军委整风审干领导小组的工作。叶剑英任组长，舒同、胡耀邦为副组长。舒同按组织要求写了材料，"在整风审干时，对我历史上的南京军校当录事少尉书记一段，填过表，写过历史材料，作了交代，组织上对我没有提出什么问题。"

石澜却没有这么幸运，在"审干反特"运动中，被怀疑为"国民党特务"，利用"美人计"与共产党高级干部结婚，以此窃取机密情报。石澜大腹便便即将分娩前，仍按组织要求上交了个人自传。审干办公室干部找到石澜，进行了意味深长的谈话。

干部：你在《整风自传》中说到，你到延安是由一位名叫王效山的人，介绍到八路军驻武汉办事处去办手续的。那个王效山，他是什么样的人呢？

石澜：我在《自传》中不是交代得很清楚了么？王效山是我的同学林君的丈夫王效树的哥哥。

干部：不是交代这个情况，而是交代王效山的政治身份。

石澜：政治身份？政治身份是什么意思？……噢，对了，听说王效山曾当过中学校长，很爱护进步青年……他还当过国民党的县长，开明、进步、不反共……

干部：啊哈，一个国民党的县长，哪能是开明不反共？还把你这个国民党介绍到延安来？你这是被派进来的特务吧？

石澜：不，不，我是自己要来不是派进来的，只是不知路上怎么个走法，才找王效山要求指点路线的……

干部：哼哼！可能你自己也不明白。现在再问你，你是怎样选择舒同结婚的？延安有那么多年轻男子追求你，你都没有看上，偏偏找个比你大十多岁的老红军，是不是因为他是共产党的高级干部，以达到你不可告人的政治目的？

石澜听到这话，简直不敢相信自己的耳朵，自己一腔革命热情投奔延安，竟被怀疑有肮脏的政治目的。石澜的心脏猛烈收缩，腹部痛如刀绞，她紧咬嘴唇，半晌说不出一句话，肚子疼痛难忍。谈话不得不中断，石澜则被紧急送入中央医院妇产科病房。医生经过紧急检查，立即将石澜抬入产房，产下一个男婴。孩子生下一个月后，组织上便以欲上前线为名，要石澜将孩子送走，准备对石澜进行"隔离审查"。石澜送走孩子第二天，即 7 月 15 日，她被通知前往杨家岭中央礼堂参加中央直属机关干部大会，听取康生所做的《抢救失足者》的动员报告。冗长的报告结束后，天已垂暮，她拖着产后虚弱的身体，跌跌撞撞地回到王家坪窑洞。石澜无力地躺在床上，想起审干办公室干部的那次谈话，又想起婚前舒同提到"苏区肃反扩大化的错误，那时，有不少好同志被不明不白地冤杀"。石澜思绪万千，心乱如麻，想到自己也可能被作为特务而遭到冤杀，却又百口莫辩。她感到绝望，如果自己被冤杀，又何必留下自己的骨肉，成为一个孤儿，蒙受这不白之冤？不如母子一起了结，以表示对"抢救运动"的抗争。

石澜下定决心，心情平静下来，第二天独自来到收养儿子的农家，抱起正在啼哭的婴儿，谎称要抱回家里，给孩子洗个澡。她再也无法抑制自己的情感，放声痛哭起来，深感自己不应该做妻子，也不应该生下孩子在世上受罪，孩子也跟着哭了起来。母子的哭声传到窑洞的左邻右舍，引来一群妇女，洒下同情的眼泪。

舒同也走进窑洞，见此情景，初则一惊，继而严肃地批评石澜不应该感情用事，将孩子抱回来，给组织上增添麻烦。舒同如实告知石澜她有"特务嫌疑"，但要相信组织，接受组织"隔离审查"，将孩子接回来，无法抚养孩子，难道要将孩子活埋？石澜正处在情绪激动之中，骤闻舒同的话，完全没有昔日的"温情"和对儿子的"亲昵之情"。她停止哭声，要舒同自己去挖坑，将母子俩一起活埋了事。窑洞的空气顿时凝固，围观的人群也见状散去，舒同也退出窑洞。石澜抱着尚在抽泣的孩子，木然地坐在床上，让婴儿吸吮乳汁。半晌，舒同和邻居叶剑英参谋长跟了进来。叶剑英劝慰石澜要服从组织决定，相信毛泽东"有错必纠"的正确政策，孩子已联系总参谋部情报部李涛夫妇收养，他俩没有孩子，一定会带好孩子。叶剑英的话让石澜如梦初醒,她是一个战士,一个共产党员,必须做出牺牲,服从组织的决定。

于是,舒同和石澜按照叶剑英的安排,由石澜抱着孩子,骑马来到安塞县八路军总参谋部李涛夫妇家里。李涛风趣地说是"观音娘娘送子上门",但石澜的眼泪如断线的珠子流了下来。李涛拍了拍石澜的肩膀,李涛夫人谢景屏接过孩子,充满同志式的温馨。石澜在李涛家住了一周,与李涛夫妇共同商量安顿孩子的事。他们买了一头刚下了牛犊的母牛,以解决婴儿吃奶问题。还调来一位年轻的战士,负责饲养奶牛、挤牛奶以及照顾婴儿的保育工作。孩子安顿好了以后,石澜准备返回中央研究院接受"隔离审查"。李涛夫妇要石澜写下婴儿的出生年月日,并问起孩子的名字。石澜谈到已与舒同商量,取名"舍予",一则表示孩子父亲的姓氏,二则表示舍弃的意思。李涛笑着纠正说孩子不会被丢弃,会得到精心的抚养,并建议给孩子取名"君桐",一则取其父名"同"的谐音,二则孩子好似一棵梧桐树,独立成长,蔽荫人民。石澜听后,高兴地笑了。

石澜按照组织要求,返回已改为中央党校三部的中央研究院。她被关在一间单人窑洞里,不能与外人接触,只有舒同每天晚上可以过来作陪。舒同工作很忙,要协助叶剑英开展总参谋部和总政治部机关的干部整风运动,加上石澜的"特嫌"问题和孩子的安置问题,让他心力交瘁。石澜也看在眼里,痛在心上,全心全意地给舒同补充营养。这样不知不觉过了几个月,舒同肤色也滋润起来。可石澜却发现自己又怀孕了,她告诉舒同以后,舒同也无所适从。特别是石澜的"特嫌"问题,因延安与国统区隔绝,前去落实和调查有关材料完全不可能。而没有证明材料,隔离就没有止境。如果一旦形势突变,进入交战状态,"特嫌犯"的处境可想而知。石澜思前想后,作了最坏的打算，而唯一解脱办法就是两人离婚。

舒同晚上回到窑洞后，石澜将自己的想法平静地告诉丈夫。舒同没等石澜说完，就抱着妻子哭了起来，表示自从与石澜结婚后，从直觉上相信石澜清白，绝不会是国民党派遣进来的特务，更不是什么"美人计"，并对"抢救运动"的所作所为表示怀疑。舒同再次谈到20世纪30年代苏区的肃反运动："这是惨痛的教训啊！今天不能重复。"他从衣袋取出笔，给石澜写了诗，也写了誓言，以表达他对爱情的忠贞，不愿就此分手。石澜劝舒同不必伤心，从长计议。舒同将写的诗和誓言揉掉，以免惹出麻烦。石澜理解舒同，只要他相信她的清白，即使被冤杀也能瞑目。舒同和石澜相拥在一起，彻夜未眠。

舒同回到军委总政治部，苦思冥想，束手无策。恰好中央党校校长彭真前来探望，舒同向彭真诉说内心的痛苦。舒同相信石澜在政治上单纯，感情上真诚，没有半点虚假，不可能是"美人计"，他要保护自己的妻子，保护革命同志。彭真与舒同在晋察冀边区长期共事，对舒同非常了解，称赞舒同"在组织上有很强的党性"。彭真也同情舒同的处境，支持舒同弄清楚石澜的问题，也是对组织负责，二者并不矛盾。

在彭真校长鼓励下，舒同鼓起勇气，对石澜的问题作了全面系统的研究。他走访了中央社会部副部长李克农，详细地汇报石澜受到审查并被列入"特务嫌疑"名单的经过，阐明问题的焦点就在帮助石澜前来延安的王效山的政治背景，并将石澜保存的王效山的照片递给李克农过目。李克农刚从新四军驻上海办事处回到延安，被安排在社会部工作。他听了舒同的介绍，接过王效山的照片，觉得又好气又好笑，王效山乃是李克农的老师，一直是地下党的联络人。踏破铁鞋无觅处，得来全不费功夫，有了李克农的证明，立即可以解除石澜的

书杜甫《春日忆李白》

"特务嫌疑"。舒同大喜过望，匆匆告别李克农，跑出枣园，沿小西河山径小道直奔蓝家坪，由后山穿过铁丝网，冲向中央党校隔离石澜的窑洞，推开窑洞门，紧紧拥抱石澜，他终于找回差点失去的妻子。中央研究院根据李克农的证词，解除了石澜的"特务嫌疑"。康生发动的"抢救运动"，造成了大批冤假错案。由于毛泽东和周恩来及早发现，提出"一个不杀，大部不抓，区别对待，实事求是"的甄别政策，从而保证整风运动的顺利进行。但有少数同志，如王实味仍在特殊情况下被错误处决。

毛泽东让舒同以他的名义给萧之葆写信，舒同「用毛笔给老先生写了一封文言的信，再次真诚相邀，这次竟得到同意」。主席当时就称赞舒同是「党内一支笔」。

红军书法家
党内一支笔

录毛主席语

刘华清 一九九一年二月书

委以重任

　　抗日军政大学的原身是中国共产党八路军干部学校，于 1936 年
6 月 1 日在瓦窑堡成立，沿用红军大学的名称，后迁往延安。全国抗
战爆发后，改名为中国人民抗日军政大学，简称抗大。1940 年挺进敌
后抗日根据地的邢台，是中国共产党培养抗日军政干部的学校。毛泽
东兼任抗大教育委员会主席，林彪任校长，罗瑞卿任副校长。抗大的
教育方针为"坚持正确的政治方向，艰苦朴素的工作作风，灵活机动
的战略战术"。毛泽东亲自为抗大制定"团结、紧张、严肃、活泼"的
八字校训，校训和校牌皆由舒同题写。抗日战争时期，抗大先后培养
了 20 多万军政干部，既有身经百战、统率千军万马的八路军、新四军
将领和各级指挥员，也有深入敌后带领群众开展斗争的各级干部。这
一大批干部对于中国人民军队的发展壮大，对于取得抗日战争和解放
战争的胜利，做出了重大的贡献。

　　1938 年 11 月至 1941 年 10 月 26 日，日机轰炸延安达 17 次，投
弹 1000 多枚，将延安农贸市场夷为平地。为了"发展经济，保障供
给"，坚持长期抗战，党中央决定在农贸市场旧址重建一个新市场。
新市场要写个大牌子，有人又找到毛泽东，毛泽东推荐舒同为新市场
写牌匾 ——"延安新市场"。

　　1941 年，陕甘宁边区政府拟聘请旬邑的前清翰林萧之葆先生出
任参议员，萧之葆一直没有同意。时为边区主席的习仲勋告诉毛泽
东，老先生称共产党虽然很好，却没有文化。毛泽东听了萧之葆的

延安新市场旧照

话，只是笑了笑，嘱咐舒同："有个翰林老先生说咱共产党里没有文化人，不愿意出来做事，你给他露一手，开导开导他。"……"给他写封信，让他见识见识你的文笔和书法，看共产党队伍里是不是没有文化人。"毛泽东让舒同以他的名义给萧之葆写信，舒同用毛笔给老先生写了一封文言的信，再次真诚相邀，这次得到同意。主席当时就称赞舒同是"党内一支笔"。1979 年，习仲勋与舒同在北京一起看戏时还提及此事，夸舒同的字好，要多写些留给后人。

萧之葆为舒同的书法和文采以及共产党的诚意所感动，欣然同意出山。他又发现舒同不过是一个"年轻的共产党"，让他顿生感慨，称赞共产党"宗旨英明，决策宏深，文韬武略，人才济济"，称颂共产党有希望。后来，萧之葆又在第二届参议会第一次会议上当选为边区政府委员。

延安人按业余生活分为两派，"土派"唱京剧，"洋派"则跳舞，毛泽东两派都参加，官兵同乐，不分彼此。叶剑英拉琴，朱德跳舞，而身为总政治部秘书长兼宣传部长的舒同却不跳舞，有时王家坪举行舞会，舒同只是站在一边观看。他性格内向，除了看书和临帖外，没有什么其他嗜好，工作以外的交际也很少。舒同跟老战友、老部下李波学习唱京戏，学会了《甘露寺》，唱得有板有眼，嗓音略带沙哑。有时也喜欢下一下围棋。而石澜参加过冼星海指挥的《黄河大合唱》，以当年唱赞美诗的歌喉，放歌民族独立自由精神。舒同到延安以后，在《八路军军政杂志》发表许多总结晋察冀边区党建军建政治经验的文章。毛泽东称赞舒同和胡耀邦是党内"才子"，舒同的东西一半是过去的，一半是自学的。而胡耀邦则完全是"自学成才"。

1944 年春，中共中央组织部决定调舒同到山东抗日根据地工作，离开延安之前，毛泽东在枣园接见了舒同，笑呵呵地说："打直罗镇时，我们见过面，谈过话，以后看到你为'中国抗日军政大学'写的校名，看到《八路军军政杂志》刊登你的文章，我们还经常见面嘛！"毛泽东的幽默，打消了舒同的拘束。舒同看到毛泽东窑洞有很多书籍，到处摆放着，话题自然就谈到读书学习。毛泽东告诫："读马列主义的书不在多，主要在于精通和应用。"毛泽东谆谆教导："人家说我们是靠马克思主义起家的，可是你看，我这里并没有几本马克思的书嘛！马克思主义光靠书本是不可能真正学到手的，要到斗争实践中去学。"

舒同注意到毛泽东的"书橱"除了《共产党宣言》等马列书籍外，还整齐地摆放着一套 1936 年出版的《鲁迅全集》。毛泽东解释："鲁迅不但是伟大的文学家，而且是伟大的政治家、思想家，他把当今中国社会的种种弊端和国民的劣根性都解剖得可以说是淋漓尽致了。我们可以借助他的'解剖'更深刻地认识中国，并找到医治这些弊病、改造中国的药方。从某种意义上也可以说，鲁迅走的是改造中国的第一步 —— 认识中国，而我们要走的是第二步 —— 改造中国，将来还要把中国建设好！"毛泽东的话，给舒同的启发很深。

舒同回忆："主席还给我谈了山东的情况，指示到山东后应注意的问题。"毛泽东在谈话中分析了抗日战争后期的形势和前景，强调山东根据地的重要战略地位和加强山东根据地建设的重大意义，舒同深感此行责任重大。毛泽东又盛情挽留舒同一起吃晚饭。吃过晚饭后，舒同离开毛泽东窑洞，又来到刘少奇住处告别。刘少奇指示："到了山东后，最好再到新四军那里走一下，传达延安整风经验和两条路线斗争问题。"

发扬革命传统 争取更大光荣

毛主席题

题延安纪念馆 1963 年

离开延安

舒同和石澜即将离开延安，心里充满无限的留恋与惜别之情。同行的还有冀鲁豫军区司令员杨勇与林彬夫妇和两个警卫员，以及舒同的两个警卫员，男女共有八人，骑着八匹战马。行程第一站就是太行办事处，为了防止发生意外，太行办事处特地调来冀鲁豫军区第一办事处（也称沙区办事处）老交通科长马赛，负责护送舒同等人通过封锁线。

舒同回忆：

马赛决定化装成商人，大模大样地通过敌占区，把我们八个人分成三个小组，由他和另一同志护送我和杨勇通过汤阴要道口；两女同志则打扮成走亲戚的农村妇女，从人流中混过去；四个警卫员由另两位交通员领着，伺机翻越敌人在宜沟一带的封锁沟。

第二天一早，我们身穿浅花素白绸子大褂，戴茶色眼镜，像大商人一样，骑自行车跟在马赛的后面，向县城驰去。到了敌人炮楼底下，伪军弄不清是什么人，还恭恭敬敬地行了个举手礼。进了南关街，甩掉了可疑的便衣特务，直奔五陵镇，此地离根据地不到二十里。我们正想从镇南门出走，发现伪军一反常态，增设了门岗，并进行盘问。马赛灵活对答，显得极不耐烦地说："干什么能告诉你们啊？这是紧急任务，耽误了时间，你负得起那么大责任？"我俩也神态不满地相机配合，伪兵一下子软下来，连声说："好！你们走，你们走。"在我们通过敌占区的第三天，两个女同志和四个警卫员也都安全胜利地汇合一起了。

快到太行军区驻地时，漂着浮冰的漳河冰水深及腰部，舒同让警卫员背怀孕的石澜，自己淌河而过感染风寒，起初为重感冒，很快发展为大叶性肺炎，不能继续前进，只得中途就医。没有医护人员，石澜包揽所有护理工作，日夜守候在舒同身边，细心观察丈夫呼吸、脉搏以及体温变化，及时喂汤饲药。石澜也因怀孕反应很大，不时晕倒，仍然支撑着护理舒同。舒同病情危急时，石澜还协助医生排气和吸痰。待舒同病情好转，天气也转暖了，石澜与警卫员一起到溪谷摸鱼，熬鱼汤给舒同增加营养。

舒同病愈出院，返回太行军区司令部休养。舒同情绪很好，与邓小平、滕代远、杨奇清等太行军区领导人在紧张的战斗生活中抽暇打桥牌、听音乐，可石澜却因陪同生病的舒同耽误时间，已经怀孕六个月，大腹便便，不能随舒同继续行军，整日愁眉苦脸。想到环境的艰难，敌人的残暴，人生的坎坷，石澜甚至一时失去了生活的勇气……多亏了同志的呵护、亲情的温暖，让她清醒过来，找回作为共产党员、革命战士与母亲的责任和信心。他们商定：舒同先去山东履行使命，石澜留在太行山等待分娩。等孩子出生后，舒同再派人过来接母子二人赴山东。

题《革命英烈》杂志

到达山东

　　1944 年 9 月 5 日，舒同到达山东，向罗荣桓传达中共中央关于整风审干的指示，以及延安整风审干的经验。9 月 6 日，罗荣桓、黎玉、萧华致电毛泽东："舒同同志来此，对我们整风学习和审查干部有极大帮助。我们意见，留在分局工作，并请决定舒同同志参加分局委员会。"9 月 14 日，毛泽东复电罗荣桓、黎玉和萧华："舒同同志参加分局为委员，中央前已决定，可照来电分配工作，不必去华中。惟延安审查干部经验中，在初期有许多是过左的，后来已纠正，你们不要重复。山东应该稳重谨慎地去作，凡无充分可靠依据，不要轻信某人为特务，要把特务、叛变、自首、党派及犯错误等项分别看待，严重嫌疑分子（有证据者）可以暂时逮捕候讯，但为数应极少，尤要坚持一个不杀方针。这些均请你们及舒同同志注意。"

　　舒同回忆："我到山东时，山东的整风运动刚进入防奸审干阶段，我即参加了山东分局委员会，分局书记是罗荣桓同志，委员有黎玉、萧华和我，开始一段，我还担任分局秘书长。在我传达了延安整风经验和两条路线问题之后，罗荣桓同志决心很大，立即在全省发动一个民主整风运动，将地委军分区以上干部，集中到党校整风学习（许世友、霍士廉等即是第一期），并指定我分管这一工作。在运动中虽然出过一些偏差，但由于罗荣桓同志的正确领导，运动基本是健康的，成绩很大。"

　　陈冰回忆："舒同同志从延安经冀鲁豫根据地到山东，参加分局任委员，并主管整风运动。这是当时一项主要任务，即中央提出的战争、整风、生产三大任务之一。他未来时，山东整风已经开始，主要是读文件，联系实际，揭发和批判三风不正的种种表现。他一抓之后，运动很快出现了高潮，突出的是发扬民主，检查领导。此外，也进行了审干、除奸。"

《大众日报》也是试点单位之一，姚明回忆："当时我在《大众日报》社工作，整风中我被'审查'成为'特嫌'，还被关了'禁闭'。我的问题正在着手解决还未得到解决时，怀着满肚子不满情绪去找舒同同志。他在百忙中耐心地同我谈了半天，使我这个刚刚参加革命工作的青年，受到极大的教育，懂得了'整风'与'审干'的意义，以及自己应抱的正确态度。他语重心长地说，为了纯洁组织，保证革命的胜利，个人受点委屈不应看得太重。"

陈冰钦佩舒同"有错必纠"的精神：

山东整风审干运动开始时情况还正常，但不久，延安整风中受康生干扰所产生的种种消极现象，有的在山东也出现了。发扬民主成了无领导的极端民主化，审干除奸中也有扩大化。以罗荣桓同志为书记的山东分局，及时发现了这些偏向，立即进行纠正，明确提出"整风开始、整风结束"这个非常明确、合乎人心的方针，一下子使我们这些人头脑清醒过来。我对分局这个指示，是听了舒同同志的传达和讲解后了解的，也使我对舒同同志有了进一步的了解。

舒同同志不愧是党的久经锻炼的高级干部，他不以"钦差大臣"自居，尊重实践，尊重分局的集体领导，坚决果断地纠正了错误，包括他自己的错误，没有诿过于人，诿过于下级，使运动很快回到正确道路上来。

至 1945 年 6 月,山东党组织的整风运动基本结束。山东分局从山东党组织的实际出发,正确地执行中央关于整风运动的指示,没有出现大的偏差,取得巨大成效。

亲自参加山东整风运动的王力也曾反思这段历史,作了公正的评价:

> 毛主席对我当面说过,罗荣桓了不起,他抵制了延安的那个审干。(后来定出的)那个十条方针,那个对于证据确凿的国民党特务也要"一个不杀,大部不抓"的原则,也是受到罗荣桓启发的。毛主席还对我说过,党的七大以后,还犯了三大历史性错误,其中第二个,就是"保安部门杀了一个王实味"。舒同也是了不起的,不像那些带着尚方宝剑的钦差大臣,打着中央和毛主席的招牌去蛮干,而是根据当地实际情况,支持罗荣桓的正确意见,因而山东干部和人民有幸避免了在延安和其他某些根据地里发生的审干的灾难。在这个大问题上,也应该感谢舒同,而不应该责备舒同。

> 在罗荣桓主持山东分局工作的时期,是山东工作兴旺发达的时期。毛主席说过,山东是执行十大政策的模范。毛主席还对我说过:罗荣桓在决定中国命运的地区,做好了决定中国革命命运的工作。在这个大问题上,山东人民和全国人民都不可忘记罗荣桓,不可忘记黎玉,不可忘记萧华,不可忘记舒同。

第
十
章

齐
鲁
战
场

陈毅平时与舒同相处也是谈笑风生，加
上幽默风趣的四川方言，具有特殊的魅力。
南征北战，威震敌胆的陈毅是一位文武兼
备、才华横溢的杰出人物，令舒同钦佩不
已。陈毅的「革命需要，当仁不让」这两句
铿锵有力的话，让舒同终生难忘，时常在耳
边回响。

"当仁不让"

抗战胜利后，中共中央致电华东分局，指示罗荣桓派兵迅速进入东北，控制广大农村，建立巩固东北根据地。陈毅参加"七大"返回途中接到中央电报，要他到山东接替罗荣桓的工作。

1945年12月13日，陈毅等向中共中央建议由陈毅、张云逸、黎玉、饶漱石、舒同五人组成华东局。12月18日，中共中央批准华东局人员的组成名单，华东局常委会组成，统一领导山东和华中两大战略区的党政军工作。原隶属山东的胶东、渤海、鲁中、鲁南、滨海等五个区委直接由华东局领导。

新四军与山东军区合并，舒同任军区、军部政治部主任。舒同回忆："当他（陈毅）宣布组织上要我参加华东局党委，并兼任新四军政治部主任工作时，我表示对新四军的情况不熟悉，力难胜任，希望另选别人。不料他把手一挥，放开嗓门说道：'什么胜任不胜任！当仁不让嘛！我这个新四军军长不是也兼了个山东军区的司令员吗？这是

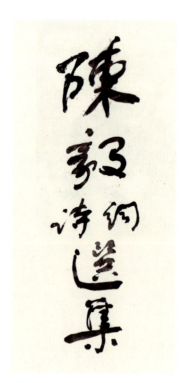

题《陈毅诗词选集》

革命的需要，没有什么好谦让的。'"陈毅的"革命需要，当仁不让"这两句铿锵有力的话，让舒同终生难忘，时常在耳边回响。

陈毅平时与舒同相处也是谈笑风生，加上幽默风趣的四川方言，具有特殊的魅力。南征北战，威震敌胆的陈毅是一位文武兼备、才华横溢的杰出人物，令舒同钦佩不已：

解放莒县牺牲烈士追悼会现场。左上方"战地文艺"为舒同所题

> 他思路敏捷，文笔惊人。他写信、起草文件，常常是提起笔来就不停顿，一气呵成。他是诗人，还擅长书法。他的诗具有一种很独特的风格，其寓意，境地，常常给人以气势磅礴、胸襟坦阔之感。他的诗，通俗易懂，朗朗上口。这些诗篇真称得上"文如其人"。吟诗作文之外，围棋、打球也是他的爱好。他的围棋棋艺并不见得像今天人们所传闻的那么高明。和当时新四军里别号"棋军长"的姚耐同志对弈，陈老总常常为自己"分割包围战术"的失利而叹息。他和邓子恢同志下棋，也常常因杀得难解难分而争执不下。有时杀得性起，干脆把棋盘一推，要求"重新来过"！有时面前没有对手，他就随便拉一个人来陪衬。有几次我就被他硬拉去对垒，一下就输，我不愿再下了。可他舍不得就此散伙，硬要我再下一盘，并且以"让你几个子或一个角"为条件，使我不便拒绝。

任凭风浪起

稳坐钓鱼船

高克亭同志

书五言联

1946 年 1 月 10 日，中国共产党与国民党政府代表签订《停战协定》，双方共同颁布 1 月 13 日午夜实施全面停战命令。舒同参加了国、共、美三方军调工作，协助陈毅处理华东地区的军事调停。

舒同回忆："1946 年 1 月 10 日，我党和国民党政府共同签订了《停战协定》，双方颁布了 1 月 13 日生效的停火令，并在北京成立了国共美三方代表组成的军事调处执行部。山东也成立了军调执行小组。这时，我在临沂城帮助陈毅同志进行参与军调处的外事活动，曾经参加济南三人小组的工作。"

停战令下达后，驻山东国民党军队却无视《停战协定》，仍然向解放军发动进攻。陈毅、饶漱石和舒同及时向中共中央报告：面对国民党军队的不断挑衅和进攻，山东解放区军民从维护和平大局出发，在一忍再忍，一让再让，反复劝说无效的情况下，被迫进行自卫还击。

舒同和陈毅、黎玉、张云逸等在山东战场合影

舒同、张云逸、黎玉、陈士榘等人陪同陈毅与从徐州飞来的军事调处执行部徐州调处执行小组美方代表黑里斯、中共代表王世英、国民党代表李树正在峄县会谈，就受降以及惩奸问题进行商榷，对国民党方面违反《停战协定》的事实提出指控，并前往军事冲突地点观察，同国民党方面进行针锋相对的斗争。军调小组又飞抵临沂，商谈惩办肇事者问题。舒同和陈士榘在会上义正词严地回击国民党的挑衅，戳穿他们制造事端的谎言，国民党的阴谋未能得逞。

黑里斯以很不礼貌的态度对待陈毅，但陈毅并未予以责备，据理驳斥其无理指摘，并区别对待国方和美方。舒同极为钦佩陈毅的斗争艺术，曾详细回忆 1946 年美国调停国共两党谈判时的情景。

当时我是济南谈判小组我方首席代表。国民党方面的代表是何思源，美方代表是黑里斯。陈毅同志十分关注这场尖锐复杂的斗争，经常直接听取汇报，作出指示，关键时刻还亲自出马，到济南直接与王耀武和美蒋代表交锋。他头脑清醒，从不对"调停"抱任何不切实际的幻想。但另一方面，他又很讲究斗争策略，表现出很高的外交才能和政治家风度。在谈判中，他谈吐潇洒，举止从容，常常用古今中外的事例，生动形象地分析当时的时事，高屋建瓴，始终掌握有理、有利、有节的主动权，赢得了对手的钦佩。美方首席代表当时就坦率地对我说："你们这位陈将军，将来必定是难得的国家人才！"

第十一章 | 策反奇勋

在中央与华东局领导支持下，舒同领导对华东战场的国民党军队特别是西北军的分化瓦解、教育争取工作成功地策动国民党多位高级将领率部起义。

奋不顾身

在中央与华东局领导支持下，舒同领导的对华东战场的国民党军队特别是对西北军的分化瓦解、教育争取工作，成功地策动国民党新编第六军总司令郝鹏举起义。舒同回忆："我几次到国民党新编第六军总司令郝鹏举那里做工作，使其在山东台儿庄率部起义。"

1946 年 1 月 9 日，郝鹏举在鲁南台儿庄内战前线宣布起义，拒绝执行蒋介石"剿匪"命令，毅然退出内战，弃暗投明。1 月 19 日，新四军军长兼山东军区司令员陈毅、副司令员张云逸、政治委员饶漱石、副政委黎玉、政治部主任舒同、参谋长陈士榘联名致电祝贺郝鹏举的和平义举。

陈毅亲自到莒县于家庄看望郝鹏举，一同骑马游览莒县名胜浮来山，讲述春秋时期鲁侯与莒子在银杏树下会盟的故事。郝鹏举也赋诗一首，表示其革命忠心："策马浮来展大荒，齐桓刘勰两茫茫，千年老树应知我，一片忠心照夕阳。"舒同应郝鹏举的要求，以行楷自书一首七绝相送。诗曰：

> 侧势远从天上落，横波杂向弩中生。

> 静如油漆轻轻抹，动似蛇龙节节衔。

郝鹏举因劣性难改，起义后又叛变投入国民党怀抱，遭到歼灭。其家产散失殆尽，舒同送给郝鹏举的字也流落在外，以 200 至 800 大洋数度倒卖，几易收藏主人。由于送给郝鹏举的这幅字以及上面的名款均不像后来常见的"舒体"，收藏者遂怀疑其是否真迹。20 世纪 80 年代，侧势远征天上岚，横波推向乌中生，瓦油漆轻持动似蛇，龙帝师。

腾霄仁兄指正　草行月璧墨

为策反郝鹏举书自作诗　1946 年

收藏者找到北京舒同家里，请求舒同鉴定。他们说明来意后，将带来的大中堂字幅刚一打开，舒同立即欣喜地大叫起来说："啊哟，这是我作的诗。"接着就咏读了起来，见到几十年前所写的这幅中堂，他恢复了对昔日的记忆。当年舒同以此书作策反郝鹏举，郝却反复而自绝于人民，这件书作几经易手，流传至今，回到舒同手中，也算一件奇事。

1946年冬，中共华东局收到中共中央发来的密电，据上海中共代表团董必武报告，国民党四十六军已从海南岛北上青岛，该军军长韩练成有起义的可能，希望迅速派人与其联系。韩练成明确提出约见能代表中共中央或华东局的负责人，并建议政治部主任舒同前来洽谈。

陈毅权衡再三，同意舒同前往四十六军，回电强调"不入虎穴，焉得虎子"。舒同能亲自到四十六军与韩练成谈判，意义重大，有可能扭转整个山东的战局。接到陈毅的指示，舒同精神振奋，信心倍增，决心完成这一重大的秘密使命。

舒同回忆："按照事先约定的时间，于1947年1月6日黄昏化装潜入兰底。韩的便衣发现，我们用暗号回答。他们得知是军长的'南方客人'，对我们殷勤接待。此时适逢韩外出，并留有一信：信称最迟于六号返回，一切请放心。我们等待数日，韩匆匆赶回，双方一见如故，长时间交谈，商定许多重大问题，我们于十一日离开四十六军。"

原来韩练成早在1926年北伐战争时，就结识刘志丹和刘伯坚等党的领导人，抗日战争时，韩练成任蒋介石侍从室参谋，目睹了国民党对日投降、积极反共的阴谋诡计。"曾秘密找过周恩来，陈述自己对国民党的看法，要求投靠人民，周恩来劝他'忍耐、等待'。"韩练成后与王若飞会晤过多次，此次前往山东之前，借故在上海登陆，欲求见周恩来。由于周恩来不在，由董必武接待，双方商定由华东局前来联系的暗号。舒同听了韩练成已与共产党联系后，深为韩练成的诚意所感动。经过多次谈判，双方达成三条口头协议："（一）四十六军不主动向我进攻，看情况再议第二步打算；（二）在情报上韩部帮助我军，该军行动随时向我军通报；（三）由陈毅司令员派二名干部帮助韩工作。"1947 年 1 月 11 日，舒同和杨斯德安全返回解放区。

陈毅获悉舒同潜入四十六军，与韩练成达成秘密协议，建立正式联系，感到非常满意，赞扬舒同立了大功。舒同成功地策反敌四十六军长韩练成率部起义，做出了特殊的贡献。这一起义改变了山东战场敌我对比力量，莱芜战役的胜利成为国共交战以来首次大胜利，并以解放战争敌我胜负的一个转折点而载入史册。舒同回忆：

> 他们的行动计划、作战方案以及蒋军重点进攻山东等方面的高级情报，源源不断地送到我们手上。二月二十日，粉碎国民党进攻山东的莱芜战役打响了，国民党妄图在沂蒙和我华东野战军主力决战，刘贯一同志向韩军长传达了陈毅司令员的

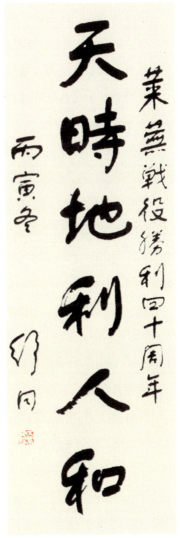

题莱芜战役胜利四十周年　1986 年

部署和决心，韩完全明白了。在整个莱芜战役中，他先是动作迟缓，避免同我军交火，后又密切配合我军拖住了七十三军，我军包围四十六军之后，他又适时离开指挥位置，使其全军阵脚大乱，迅速崩溃解体。此战役二十三日结束，共歼敌六万多人，俘敌第二绥靖区副司令李仙洲，收复十五座城镇，使鲁中、渤海、胶东三个解放区联成一片。战斗结束后，韩练成军长在我两名联络干部的引导下，来到山东军区，陈毅司令员和我热情地接待了他，祝贺他为中国人民的解放事业作出了重大贡献。

韩练成向陈毅提出返回南京，继续在蒋介石营垒里做些力所能及的工作，得到同意。回到南京后，韩练成递交《鲁中战场脱险记》，被蒋介石誉为"独胆英雄"。直到 1948 年 11 月，韩练成才脱离国民党军队，只身前往香港，经华南党组织安排，秘密返回解放区，1950 年加入中国共产党，担任国防委员会委员、训练总监部副部长、兰州军区第一副司令员，并于 1955 年被授予中将军衔。

自卫战争爆发后，山东野战军沿津浦线两侧，阻击侵占山东解放区、企图打通津浦铁路北犯的国民党军队。陈毅和舒同前往前线指挥作战，陈冰回忆："现在我们在电影中，或报刊文章中，看到毛主席、中央军委有发给'陈舒'的电报，就是给陈毅和舒同的。"

1948 年 1 月，舒同再次组织对国军霍守义部的策反工作。由于被上司监视，霍守义的起义计划始终未能实现。霍守义在兵败出逃途中被俘，押往前线指挥部。舒同接见并宴请霍守义，惋惜地说，战役开始前后，我们写来信件，通过广播传话，希望当机立断，阵前起义，以挽救东北军的一点命脉。不料却执迷不悟，不听劝告，终于导致全军覆没。霍守义后悔莫及。

由于霍守义较快转变，主动要求给国民党军队中和自己关系较好的人写信，争取他们起义，还要求参加工作，华东军区解放军军官训练团于 1949 年春召开大会，宣布霍守义等三名国民党被俘将军参加工作。他们当场换上解放军服装，戴上大红花，登上主席台就座，全场被俘将校级军官掌声雷动。霍守义也激动得热泪盈眶，高呼："共产党万岁！解放军万岁！"霍守义奉调为军事学院训练部研究员，历任南京市政协一至四届委员、江苏省政协二至四届委员。

舒同还做了国民党军吴化文部的工作。9 月 19 日，吴化文受到长期策反工作的感化，在强大军事压力下，毅然率领整编八十四师一五五旅、一六一旅以及九十六军独立旅等共约 2 万余人起义。吴化文起义缩短了济南解放时间，大大加快了战役进程，也减少了我军攻城的伤亡，特别是保护了作为工业城市和重要商埠的济南，减少人民财产损失。不仅对济南解放有着直接的重要作用，对人民解放战争战略性决战也有重大意义。

国民党山东省党政军统一指挥部主任兼山东省主席、保安司令、军管区司令王耀武挥军向解放区沂蒙根据地大举进犯。舒同组织了山东民兵和地方部队布下天罗地网，俘虏敌济南守城司令官王耀武，并亲自与王谈话。济南战

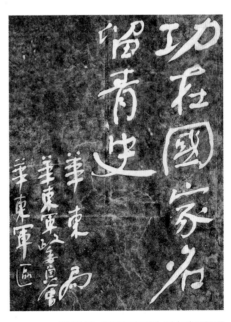

1947 年, 代表华东局为烈士陵园题词

王恰师长壮烈水同志千古

奋不顾身

舒同敬题

为华东革命烈士陵园题词 1947 年

役仅仅进行了八天时间，争取了吴化文起义，解放了国民党军队强固设防和重兵守御的大城市，全歼守敌 10 万余人。济南战役的重大胜利，让国民党和蒋介石目瞪口呆，全国人民也深感意外。

1948 年秋冬之际，解放军决定举行淮海战役，由华东野战军、中原野战军以及地方武装协同作战，全歼刘峙集团，以实现中央军委歼敌主力于长江以北的战略设想。舒同动员华东军区所辖的渤海、胶东、鲁中、鲁南、苏北、苏中六个军区全力以赴，组织担架小车支援淮海战役，确保作战部队人力物力财力的一切需要。

舒同以华东军区敌工部长身份与国民党第三绥靖区副司令官、中共地下党员何基沣、张克侠保持密切联系，配合我作战主力军行动，及时地在贾汪、台儿庄两地率领两万三千多人起义。这一起义使华东野战军主力可以迅速穿过贾、台地区，切断正向徐州靠拢的黄伯韬兵团的退路，将黄伯韬后团压缩在碾庄，围而歼之，胜利地完成了淮海战役第一阶段战役计划。何基沣和张克侠在战役发起时起义，打乱了国民党"徐蚌会战"部署，对国民党官兵思想震动很大，直接引起其心理动摇。何基沣和张克侠所部乃是西北军所余最后一支主要力量，其起义表明国民党营垒内部已到了分崩离析、众叛亲离的地步。舒同与何基沣、张克侠两同志一直保持着战斗的友谊。

鱼水情深

1944 年 7 月，舒同离开太行军区司令部后，妻子石澜因临近产期，被送往太行军区后方小山村一所隐蔽的医院分娩。房东家的正厅已有三四个等待分娩的女兵，房东大娘待她们如同自己的亲生闺女一样。夏季麦收已结束，麦粒也已扬净，并被磨成麦面缴纳公粮。送军粮的前一天，房东大娘做了一顿纯白面条，招待石澜等四五个孕妇，这也是农民一年当中唯一一顿细粮面条。吃了这顿面条后，房东将全部面粉缴了公粮，自己只剩下麸皮、野菜、红薯干作为全年口粮。石澜吃着面条，眼泪却止不住往下流，太行人民的深情厚谊让她百感交集。房东大娘反倒安慰石澜，前线战士不吃好一点，就无法持枪上战场。太行人民为了支援战争，宁愿自己吃糠咽菜。

1944 年 10 月初，石澜接到太行军区政治部组织部通知，准备继续行军前往山东根据地。敌工部长林一是军区司令员滕代远的爱人，她看见石澜一身打扮，调侃她像回娘家的农村媳妇。林一解释，不配备勤务员或保姆，由石澜抱着孩子独自行走，可以减小目标，更加安全，尽管一路上会辛苦一些。又请来冀鲁豫军区司令部第一办事处交通科的马同志，共同研究行进方案，计划通过哪些地下交通联络站，选定经验丰富的交通员，一站接一站地接力护送，以便万无一失。

石澜经过长途跋涉，栉风沐雨，过了一道道敌人的封锁线，终于抵达最后一站 —— 山东鲁西大王集。这儿原是泰安军分区司令部所在地，由于发生激烈战斗，机关已转移，不知去向。石澜想到应依靠群众，就在雾雪茫茫中，走到一户农家，叩开柴门。一对老年夫妇看见石澜抱着孩子，一副"落难人"样子，连忙将她邀上微温的土炕，还从锅底舀起一碗米汤，送到她的手中。石澜喝着米汤，诉说自己的来历和遭遇，请求给予帮助。这对老年夫妇是"抗属"，有一子一女参加八路军。他们立即将石澜的情况报告当地村干部，并由村干部引领石澜找到了新的司令部。廖容标司令员已得到石澜带着孩子要到泰安军分区的通知，却因司令部遇上战争转移而险些错过。他亲自接待石澜，称赞她是一个勇敢的女战士。舒同获悉石澜千里寻夫，出生入死的经过，惊叹不已。他得知儿子尚未取名，感慨地说："你们过了一关又一关，真不容易呵，孩子就叫'关关'吧！"石澜由此结束

20 世纪 40 年代初，题山东"新长城""胶东通讯""大众日报"等报头

历时两个多月的"千里寻夫"之行。

山东敌后抗日根据地的工作，不分前方后方，敌进我退，敌退我进，石澜带着孩子到处游击，居无定所，无以为家。因关关生病，她急忙抱着孩子去找舒同，要他找医生给孩子看病。正忙于工作的舒同，"唉"地叹了一声，露出烦躁的神色。石澜的自尊心很强且敏感，感觉受了冷落，撂下一句极不友好的话："既然你讨厌妻子、儿子，你应该去当和尚。"她自己设法找到医生，治好关关的病，并向山东军区司令部罗荣桓司令员提出与舒同离婚。罗荣桓了解情况后，与夫人林月琴找到舒同和石澜，先批评舒同"不近人情"，又要求石澜原谅舒同。罗荣桓劝导："你该明白，他是个书呆子嘛！"罗荣桓的话，将石澜逗笑了，他又语重心长地说："在革命战争中，女同志要作双重的牺牲。舒同红军时代就做政治工作，经常看到他提着石灰桶，跑前跑后地刷标语，衣服上帽子上都是一块块的石灰迹，自己也不照顾自己。"罗荣桓的一席话，让石澜心悦诚服，她觉得舒同的工作比自己重要，对革命的贡献也比自己要大，为了革命利益，应将抚养孩子的重任全部承担起来，支持舒同也就是支持革命工作。舒同和石澜由此又和好如初。她回忆：

> 在战场上的六年，我们没有家，夫妻不能相顾，我总是一个人带着衣服、被褥东奔西走，一手抱着自卫的枪，一手抱着孩子，和群众在一起。舒同总是在前沿阵地上担负着重要的工作，夫妻难得见面。那时我们都还年轻，偶尔在行军途中匆匆相遇，哪怕是只有几个小时的相处，感情总是那样的浓烈，总觉得不能完全表达无尽的思念和绵绵的恩爱之情。我在战争环境里接三连四地怀孕、分娩，拖儿带女地做一些力所能及的事，是一颗小小螺丝钉。

临沂解放后，山东军区政治部集中受奴化思想较深的中小学教师，为他们开办知识分子训练班，调石澜前去授课。石澜在训练班向学员讲授中国近代史，宣传爱国主义和共产主义思想。中国人民近百年不屈不挠的反帝斗争史实，触动他们的心弦，使他们痛悔日伪时期自己的所作所为，有的痛哭流涕，要求参加八路军。

抗战胜利后，国共举行重庆谈判，签订《双十协定》。根据协定，江南新四军军部和部分主力部队由江南辗转撤退到江北，直到1946年深秋之际才到达山东军区所在地临沂。这时山东已是秋风瑟瑟，而南方过来的新四军指战员仍然穿着单衣单裤，脚上穿着草鞋，也没有袜子。石澜带着一批学生和群众在临沂城外迎接远道而来的亲人，石澜作了简单的欢迎辞，此情此景，让她哽咽失声，所有的人都被感染而泣不成声。尽管素不相识，但革命同志的情谊将所有人的心都紧紧地连在一起，大家热烈拥抱。

1946年，舒同还担任了全国第一所警官学校 —— 成立于临沂的山东警官学校的校长。这是如今改名为山东警察学院的学校校史馆陈列的当年校领导的群雕及历史回顾的宣传。

1947年7月，中共中央在全国土地会议上提出，要在全党和全军开展土地改革教育，并进行整党和整军。中央军委也在全军部署土地

今山东警察学院校史馆陈列

当年山东警官学校的校领导群雕

改革教育和整党、整军工作，舒同深入连队，利用战斗间隙，指导连队进行以"诉苦三查"为主要内容的"新式整军运动"，通过士兵诉旧社会"三座大山"压迫之苦，查阶级、查斗志、查工作，达到振奋士气，提高指战员的觉悟的目的。

舒同回忆："华东局直属机关向胶东转移（即所谓'钻牛角尖'）。我和张鼎丞同志转移到渤海地区，即与邓子恢、张云逸同志一起组织了'后方委员会'，负责组织后方支前工作，并组织驻渤海地区部队进行三查三整运动。"

1947年，山东解放区因为遭到国民党重点进攻及其对人民的血腥摧残和反复搜刮，加上夏秋季洪水泛滥，局部地区遭受旱蝗虫灾，致使1947年冬至1948年春出现严重灾荒。不少地区田园荒芜，十室九空，人民群众的生产生活处于极端困难的境地。华东局遇到前所未有的财政困难，舒同肩负起领导生产救灾工作的重担。1947年，石澜调到山东大学任预科班主任，全党全军开办机要人员（无线电通讯）训练班后，华东军区组织部长罗应怀仍决定调石澜到华东军区司令部机要处筹建"机要人员训练班"，并担任训练班的政治教员。

1948年2月，石澜又生了一个男孩，尽管拖着三个孩子，仍然坚持工作。石澜站在讲台讲课，学员坐在地上听课。到了中午该给孩子喂奶的时间，石澜的乳房习惯性地渗出乳汁，顺着宽大的军衣一滴一滴往下流，而她却浑然不知。坐在前面的一位女学员发现后，立即宣布全体起立下课。石澜心领神会，快步跑回宿舍，给嗷嗷待哺的孩子喂奶。有时孩子哭了，石澜来不及哺乳，便有好心的山东大婶大嫂主动来喂，后来，她又得到宋庆龄基金会送来的两桶美国奶粉，孩子才得以存活。

进军全国

1949 年 4 月，毛泽东和朱德发布《向全国进军的命令》，人民解放军即将打过长江，接管大城市，解放全中国。

华东军区将石澜从机要人员训练班调到华东军区司令部直属机关党委担任政治协理员工作，主要任务是向解放军指战员宣讲入城政策、入城纪律以及现代化城市的基本知识，诸如如何打电话，怎样开煤气，怎样拧开自来水，如何使用抽水马桶等等。华东前线部队进入上海后，官兵遵守纪律，不惊扰市民，不入民宅而露宿街头；军长在马路边搭帐篷指挥作战；骡马辎重和伙房不进市区，指战员用钢盔盛饭就餐。人民解放军纪律严明，秋毫无犯，铭刻在上海人民的心中，成为民间传颂的佳话。石澜回顾这段动荡不安的战争岁月，感慨万千：

> 在华东战场上的五六年里，我虽然没有冲锋陷阵，叱咤风云，但我是一个共产党员，我是一个小小的螺丝钉，哪里工作需要，我就被调到哪里去，像螺丝钉一样被拧实在那里，尽我的全部把工作做好。我明白，我首先是个战士，要发战士的一份光和热；我又是一个妻子，要对丈夫尽妻子的义务；我又是个母亲，战争再残酷，只要我能活着，孩子就要活着，不能把他们丢失。

舒同和石澜天各一方，难得相聚，关关长到三岁半，还记不清舒同的模样。在一次战斗间隙，关关终于见到父亲，拉着父亲衣角，疑

127

惑地询问:"你真是我爸爸吗？你的名字叫舒同吗？"得到肯定答复后,关关欣喜地向周围战士介绍:"这就是我的爸爸舒同,我今天看到我的爸爸,多高兴呀！"

1947年隆冬,舒同与石澜在行军路上相遇,看见石澜身后一名战士挑着箩筐,前头箩筐坐着关关,后边箩筐坐着只有两个月大的女儿均均。石澜是土改工作队队员,生下女儿时,舒同还在前线,并不知道石澜分娩之事。石澜自己给女儿取名"均均",纪念她出生时伟大的土改均田运动。舒同跨下马鞍,跑到石澜身边,揭开箩筐里的小被子,细看襁褓中女儿乌黑的眼睛,喜滋滋地笑着说:"她的眼睛像我的。"

1948年2月,石澜在山东阳信县的战地医院生下第四个孩子毛毛。由于早产先天不足,加上后天营养失调,毛毛身体极为瘦弱,一个大脑袋,一双深陷的大眼睛没有光泽,头上几乎没有什么头发。舒同看到孩子,内疚地说:"我在前线曾得到不少营养品,可都转送给伤病员了。"

不久,三个孩子都被送进了在临沂成立的华东保育院,后随解放大军进入上海。

第十二章　仁义之师

　　舒同是个劳碌命，在任何岗位上，都不分昼夜地辛勤工作，被毛泽东誉为党的「小毛驴」。舒同也是党的「千里马」，时刻志在千里，总是将点点滴滴的具体工作，与宏大的目标联系起来思考。官做大了，往往容易光说不做，舒同却是一个喜欢自己动手，事必躬亲的人。

毛驴精神

　　1949 年 4 月，渡江战役开始之前，舒同作为华东军区政治部主任，为直接参加渡江战役的部队作了充分的战前准备工作，特别是侦察长江中段外国船舰数量及战斗能力，制定应对政策，以及具体执行方案。渡江战役胜利以后，华东局驻扎丹阳，舒同负责准备解放上海的接管工作。中央发出通知，发动上海战役的时机完全以接管工作

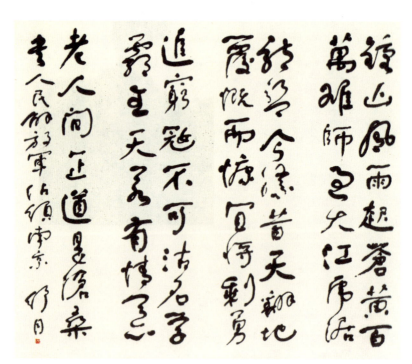

书毛泽东诗《七律·人民解放军占领南京》

准备而确定。接管工作主要是政策教育、外事政策教育、入城纪律教育。其次，就是与上海地下党密切配合，发动群众保护公共财产，以免国民党军队退出时进行破坏。一切准备就绪，上海战役即于5月12日发动，经过激烈战斗，于27日消灭了上海最后一股残敌。舒同与华东军区其他领导在弥漫的硝烟中进入中国最大的城市上海。人民解放军经过连日苦战，疲劳不堪，进入市区后，坚守入城纪律，露宿街头，不忧民宅，秋毫无犯，被誉为"仁义之师"。舒同回忆：

> 我们于1949年5月间进到上海，战争扫尾尚未结束，当时的主要任务是军事接管，按照中央指示的接管政策，一切原封不动，恢复生产，保证不遭破坏，在农村则是剿匪反霸，减租减息，发展生产（老区有所不同）。从1952年至1954年，主要任务是土改复查、镇压反革命、三反五反、抗美援朝和开始的三大改造，并进行第一个五年计划，整个说来，这是三年经济恢复时期，则是由新民主主义到社会主义的过渡时期。我在华东局工作了五年，这五年分为两个阶段：第一阶段由1949年到1952年，这时期中华东局的分工是：第一书记兼华东军政委员会主席饶漱石，第二书记兼上海第一书记、上海市市长、华东军区司令员陈毅同志，华东局常委兼华东军政委员会副主席、财政委员会主任曾山，华东局常委兼华东军区副司令、华东军政委员会副主席、财政委员会主

1951年10月19日，谒鲁迅墓。右起：许广平、巴金、舒同、魏文伯、周而复、黄源

任曾山，华东局常委兼华东军区副司令、华东军政委员会副主席、上海市军事管制委员会主任、南京市委第一书记粟裕，华东局常委兼上海市委第二书记、华东局组织部长刘晓，我是华东局常委兼任华东局宣传部长、华东军政委员会文教委员会主任（1952年以前还兼华东军区政治部主任）；从1952年到1954年是第二阶段，这时华东局的分工是：第一书记陈毅，第二书记谭震林，其他兼职基本未变。

时为华东局宣传部宣传处长的王力回忆：

舒同主持华东局宣传部的工作，平易近人，心平气和，从容不迫。舒同不是夸夸其谈的人，不尚雄辩，说话不多，但都是三思而后言，往往切中要害，舒同注意思维的逻辑性，注重以理服人，不喜欢哗众取宠，不以势压人。舒同讲话有二重性，平时讲话细声慢语，有人比喻为鸟语，甚至说像蚊子哼哼。可舒同在重要会议上发言，在原则问题上争论时，常常声如洪钟，响如惊雷。这两个侧面的统一，才是活生生的舒同。

舒同是一个沉默寡言的人，一个埋头苦干的人，一个从不炫耀自己的人，一个在历史上容易被忽略、被低估的人。人与任何事物一样，也是矛盾的统一体，而在舒同身上就特别明显。与舒同没有深交的话，往往只看到矛盾的一面，难免因此产生误解。舒同是一个很严谨的人，又是很热情的人。许多人看到前者，以为舒同性情冷漠，从而敬而远之。舒同十分小心谨慎，但他自己认为已经看准了的大事，又十分大胆放手。有人看到前者，以为舒同谨小慎微，甚至误认为懦弱，实际上他非常坚强。

舒同是个劳碌命，在任何岗位上，都不分昼夜地辛勤工作，被毛泽东誉为党的"小毛驴"。舒同也是党的"千里马"，时刻志在千里，总是将点点滴滴的具体工作，与宏大的目标联系起来思考。官做大了，往往容易光说不做，舒同却是一个喜欢自己动手，事必躬亲的人。舒同也重视分工合作，各司其职。他在担任华东局常委兼宣传部长的职务时，冯定、刘顺元、匡亚明、沙文汉、夏衍、陈其五等副部长以及秘书长和各处处长，都有明确的分工负责制，他不干预各自的日常业务工作。

上海解放以后，作为中共中央华东局和上海市委机关报的《解放日报》能否办好，不仅直接影响华东和上海工作，而且还令世人所瞩目。因此，早在入城准备时期，《解放日报》就被华东局领导密切关注。在《解放日报》的班子配备上，组织部门作了精心的安排："华东局常委、宣传部长（并兼华东军区政治部主任）舒同也被指定以主要精力分管《解放日报》。"以积累一定城市办报经验的济南《新民主报》全套人马作为《解放日报》的班底，由范长江、恽逸群分别担任正、副社长兼正副总编辑，还调集解放区和地下党熟悉新闻工作的能手，充实《解放日报》的成员队伍。

20世纪50年代初，舒同（左二）与宋庆龄（左三）、刘晓（左一）、张鼎丞（右一）在上海赏樱花

1953 年 5 月 1 日，在上海。右起：钟民、舒同、陈丕显、潘汉年、谷牧

自创刊号始，相当长的日子里每天晚饭后，舒同都到报社社长室办公：签发稿件，看大样，听取汇报，参加会议。第一天当然是最为繁忙的，电话铃声不断，进出人员川流不息，送审的小样上还可以闻到墨香，楼下印刷厂不时传来马达轰鸣声。它与部队和党委机关相比，别有一番情景。范长江因兼任市军管会文管会的领导职务，社会活动也比较多，主要坐镇在报社的是恽逸群。社长室中间放着两张拼在一起的桌子，一面是恽逸群坐，对面是社长秘书章茵子坐。恽逸群在山东时曾任饶漱石的政治秘书，他常常忙里偷闲，给秘书们"谈些山海经"（上海话：聊天），所以大家深知他的才识渊博，平易近人。刚进城办《解放日报》，自然比山东时更为紧张繁忙，恽逸群却是不慌不忙，应付裕如。魏克明和蔼可亲，既无领导架子，又无文人派头。虽然瘦骨嶙峋，体质很差，但长期熬夜不以为苦。忙到半夜，忽然有人来通知说，吃夜点了。大家走进食堂，只见一只只八仙桌上，放着用竹爿做成的粥桶，每人可以盛一碗不稀不厚的白粥，还有一小碟咸菜。创刊这夜，舒同与大家一起一直工作到次日拂晓。

1949 年 5 月 28 日清晨，上海解放后的第一张党报正式诞生。创刊号的《解放日报》共有八个版面，有上海解放的最新消息《我军攻克吴淞要塞，残敌四万投降》以及《上海军管会奉命成立》；有工人护工、抢修设备、各业复业等消息。发刊词是恽逸群撰写的《庆祝大

1951 年，在上海虹桥公园。左起：舒文、王力、舒同、陈其武、陈冰、谷牧、匡亚明

上海的解放 》，欢呼国民党统治的灭亡、上海人民的翻身，号召上海
人民努力实现三大任务，将上海建设得更加美好。另外还有《上海行
情 》《解放副刊 》以及《社会服务 》等专刊专栏，最吸引广大读者的
是两大版的《文献 》专刊，刊登党和政府的各项重要政策、文件、毛
泽东著作以及马列主义理论文章。这是一张从内容到形式均不同于
以往的全新报纸，代表党和人民说话，市民踊跃购阅，10 万多份《解
放日报 》被抢购一空。《解放日报 》在上海解放的第二天就和读者见
面，其速度之快令人难以想象。当《解放日报 》全体同仁忙了一天一
夜准备上床休息时，上海市市长陈毅秘书朱青打来慰问电话，称赞报
纸出得快，各位编辑辛苦。

　　8 月 5 日，华东局发出通知，决定成立《解放日报 》社论委员会，
以舒同、魏文伯、刘瑞龙、冯定、夏衍、范长江、恽逸群、章汉夫、许
涤新等九人为委员。后来，又成立党报委员会，由舒同任书记。

　　舒同兼任华东军政军委员会教委员会主任，分管华东地区文化

1953年，在雁荡飞瀑留影

教育卫生工作。1951年至1952年，在知识分子中开展了思想改造运动。

舒同是华东局常委，主要从事华东局工作，但仍然兼任华东军区政治部主任。华东军区驻在南京，每遇政治部有重大决策，他必须赶往南京参加政治部会议，实行集体领导。舒同还担任华东人民革命大学校长，革大校址在苏州，经常要往苏州跑。舒同在南京、上海和苏州之间来往穿梭，投入了很多时间和精力。华东局的常委中，舒同是最年轻的一位，分管的任务也最多。舒同兼任华东局宣传部长，分管华东局党报《解放日报》，经常要亲自给报纸写稿，审阅重要稿件，常常彻夜工作。舒同又是华东军政委员会、文教委员会主任，负有团结学术界和文艺界人士，贯彻落实党的政策的重任，肃清抗美援朝战争发生后舆论界的"恐美""崇美"等错误思想，掌握涉外事件。整个上海以及华东各省的文教、宣传建设、外事活动，几乎事事过问。舒同在听取汇报了解情况时，总是那样聚精会神，目光炯炯。处理问题有条不紊，有很强的组织能力和很高的政策水平。对上对下都是轻声细语，温文尔雅，风度翩翩，不管情况如何紧迫，情绪始终沉着稳定。舒同勇于挑重担，敢于承担责任，从不叫苦叫累。舒同秘书朱洁斋回忆："舒同部长对自己要求十分严格，生活上除上级规定的待遇外，从不提个人要求。政治上也严守党的纪律，从不任用私人。他的侄子来要求他给安排工作，他让侄子去参加华东革大学习，改造思想，结业后由组织分配工作，不搞特殊。在任用干部上也是严格要求，公平对待，从不拉帮结派，任用私人。"因此，舒同深得华东局领导人及常委们的信任，毛泽东亲切地赞誉他为"毛驴子"。王力回忆：

> 1948年准备解放台湾时，舒同是中央和华东局内定的台湾省委第一任书记。舒同为书记，刘格平为副书记，省委、省政府各部厅、各地委、各县委的班子都已经组建和培训得很好。后来解放台湾没有实现，舒同没有能上任，原定赴台的主要班底开办了华东革大。舒同没有能上任，他的雄才大略，在这个舞台上本来可以演出宏伟壮观的话剧来，但是历史使他没有得到演出的机会。可见个人在历史上的作用要受机遇的限制。这里提到这一段历史。是为了使人们知道，舒同在中国革命某些历史阶段所起的作用是不能抹去的。

华东革大

中国人民解放军势如破竹，解放战争的胜利形势迅猛发展。为了接管新解放区广大城市和农村，中共中央决定抽调 53000 名干部随军南下，我军横渡长江，党中央原估计可能沿江还有恶战，出乎意料，国民党兵败如江堤溃决，南京、杭州、上海等著名城市和江南广大地区迅速解放。长江三角洲是我国文化发达的地区之一，在红旗飘扬、万众欢腾的欢声中，大批青年知识分子满怀激情迫切要求学习马列主义、毛泽东思想，献身革命事业，而我们也需要吸收大量青年知识分子，壮大干部队伍。华东人民革命大学，就是在这一历史条件下作为一座革命干部的政治学校而诞生的。

根据中共中央华东局决定，1949 年 5 月以原华东局党校为基础，加上山东干部南下渤海纵队的一部分为主要成分，在镇江附近的新丰镇一带集中，进行筹备建校的有关事宜，并要舒同兼任学校校长，副校长是原渤海区党委副书记刘格平。

上海解放初，华东人民革命大学暂借上海法学院、暨南大学、复旦大学、光华大学和复兴中学的校舍招生办学。2014 年，复旦大学还在校园里立了一块"华东人民革命大学发源地纪念碑"，纪念这段红色校史。

华东人民革命大学招生简章

一、宗旨：本校以适应目前革命形势发展，培养各种（政治、经济、文化等方面）参加新民主主义建设所必需的干部为目的。

二、科别：本校分设本科和预科两种。

三、投考资料：

1.品质优良，思想纯洁，愿为新民主主义建设而服务者。

2.具有高中毕业以上程度或具有同等学力者。

3.年龄一般在十八岁以上三十五岁以下者。

4.身体健康无病疾和无不良嗜好者。

5.不分性别，男女兼收。

四、名额：第一期暂定五千名。

五、报名手续：

1.缴验毕业证书（或肄业证明书和社会服务证件）。

2.填写登记表。

3.缴一寸半身相片二张。

4.依时到本校指定地点报名。

六、考试科目：1.语文；2.数学；3.社会科学常识；4.自然科学常识；5.口试；6.体格检查。

七、报名地址、时间和考试日期：

1.报名地址在上海。

第一报名处：四川路底复兴中学。电话：（○二）六二○二二。

第二报名处：永康路务本女子中学。

第三报名处：梵皇渡路圣约翰大学。

2.报名日期：由七月

舒同在华东人民革命大学开学典礼上的讲话

十日起,到七月二十五日止。

3.考试时间、地址:另外通知。

八、修业期限暂定半年:

1.预科或本科主要按学历程度及考试成绩分科标准。

2.一般的(1)高中毕业至大学一年级或同等程度者入预科。(2)大学肄业一年以上,或相当政治文化程度者入本科。

3.预科修业期限三个月,成绩优良者,可转入本科。

九、学习科目:

1.必修科目:(1)教育方针;(2)改造学习;(3)革命人生观;(4)知识分子问题;(5)社会发展史;(6)中国革命基本问题;(7)新民主主义政策;(8)群众观点与群众路线。

2.本科:除以上课目外,另加马列主义哲学、政治经济学。

3.上述课目除依次上课讨论外,另似组织专题报告,如有关形势问题及政治、经济、军事、文艺、教育、新闻、财政、

1951年,华东人民革命大学校长舒同(左四)与副校长温仰春(左五)、李正文(左六)、匡亚明(左三)在苏州校部操场

金融、工商、城市接管、工运、学运、妇运、青运、农运、新民主主义政权、外交、法律、交通等专门课目，由本校聘请专人报告。

十、修业期满，按学习结果，分别介绍到各地各部门分配适当工作。

十一、待遇：经考试录取者，除被帐及日用品自备外，一切膳宿服装、学习用品，均由本校供给。

十二、校址：上海。

校长舒同

副校长刘格平

华东人民革命大学被誉为南方"抗大"式的培养干部的学校。舒同在《华东人民革命大学校史序》中写道：

华东人民革命大学创建于 1949 年 5 月。当时，我中国人民解放军以雷霆万钧之势，横渡长江，上海解放在即。根据中共中央华东局的决定，以原来的华东局党校为基础，加上山东干部南下纵队渤海区党委的班子，进行华东革大的筹建工作。

学校的创办，是为了贯彻执行党关于放手大量吸收青年知识分子的战略决策，为了适应随着人民解放战争的迅速发展，革命和建设事业对干部的大量而急切的需要，为了满足广大知识青年满怀激情要求学习马列主义、毛泽东思想，献身革命事业的迫切愿望。

由于解放战争的形势急转直下，学习时间只能是短暂的。学员来校以来，主要学习革命的基本理论和党的有关方针政策，在初步掌握马克思主义的立场、观点、方法，树立

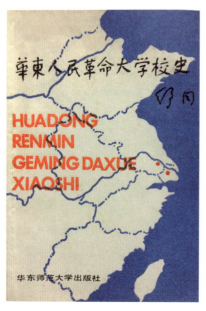

题《华东人民革命大学校史》

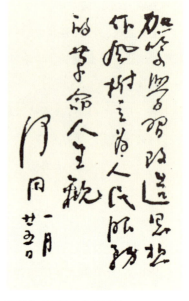

为华东人民革命大学题词

为人民服务的革命人生观以后，就分配工作，让他们到社会的大课堂、火热的斗争实践中去继续学习成长。

学习采取上大课、个人刻苦钻研文件、集体讨论相结合的方式。提倡理论与实践相结合的原则；提倡老老实实，实事求是，坚持真理，修正错误，虚心研究的态度；提倡自由思想，民主讨论，统一认识的方法。

请来上课的教师，都是华东和上海党、政、军的领导同志，以及各部、委（局）的领导同志。尽管当时接管工作异常繁忙，但只要学校去请，无不欣然允诺，挤出时间，前来上课，因而教学具有较高的质量。

大军南下，百废待兴，财政经济十分困难。因此，学校设备简陋，生活十分艰苦。但是，由于大家有了崇高理想、伟大抱负，不以为苦，反而引以为荣。

学校得到毛泽东同志的亲切关怀。他曾特别强调要把华东人民革命大学办好，不能因为房子困难而受到影响。

中共中央宣传部部长陆定一曾两次亲自来校观察，并在第二期开学典礼上讲了话。

华东军区副司令员粟裕，曾专门下令将原驻苏州的华东军政大学迁至南京，腾出南北兵营让给华东人民革命大学作为校址。

学校办了三年多，先后共办学五期，培养了15300余名干部（不包括政治研究院、俄文学校、工农速成中学学院）。30多年后的今天，很多同志已经成为党政领导骨干或某一方面的专家、学者。

为纪念华东人民革命大学，上海市高等教育局组织编写该校校史，这是很有历史意义的。校史的出版，不仅对过去战争年代培养教育干部的工作作了回顾和总结，而且将对加强高等院校的思想教育工作，对"两个文明"建设起促进作用，也能为培养有理想、有道德、有文化、有纪律的社会主义建设人才提供激励。以当年该校校长的名义仅此作序。

题华东人民革命大学校名

重回故里

1953 年，舒同与妻子石澜回故乡祭祀父亲

1953 年，朝鲜战争结束，战争乌云消散，和平已经真正到来，中国人民取得了战争的最后胜利，舒同和石澜都感到格外轻松，舒同过度劳累的身体也特别需要休息。舒同很想回江西看望 20 多年没有回去的故乡，祭奠亡故的双亲，石澜也想回浙江看望十多年未见的母亲和兄嫂。1953 年起，全国机关公务人员实行休假制，深秋时节，舒同和石澜决定从上海乘火车出发，经过两天的行程，到达东乡县，入住县委招待所。

第二天，舒同向县委同志提出，想去看看父母的墓。这可让县委同志为难了，因为土改刚结束，乡情底子也不清楚，县委同志不知道舒同父母的墓址所在。

舒同参加革命离开家乡后，国民党拘捕舒同父亲舒仁兴，要他交出儿子。舒仁兴坚贞不屈，誓死抗争。舒同母亲早已逝世，独生儿子又杳无音信，舒仁兴贫病交加，成天思念儿子，直至神智错乱，常常趴在家门口，看见与舒同年龄相仿的男青年经过，就紧紧抱住不放，呼唤着舒同的乳名"老囡"。舒仁兴是怎样死的，谁也说不清，舒同认为是于 1941 年被日军杀害。他请县委同志帮他找到表哥表嫂乐恩喜夫妇，以及舒仁兴当年剃头弟子的后人嵇丰兴，了解当年一些情况，终于找到父母坟墓所在地。

舒同和石澜、秘书朱洁斋、警卫员孙祥太折了几支松柏和野草小花，扎了个花圈，来到县城的荒郊一个荒野蔓草间的土墩，舒同将花圈放在坟旁，恭恭敬敬地鞠躬，沉痛地低下了头。站在舒同旁边的石澜控制不住自己的感情，双手掩面失声抽泣。晚上，舒同和石澜坐在床沿，石澜依偎着舒同，余哀未散。舒同用右臂抱着石澜的肩，安慰石澜不要难过，父母九泉有知，看到儿媳伤痛哀悼，也会感到欣慰和满足。舒同叹息自古忠孝不能两全，既然未能孝敬父亲，以后只有拼命工作以报效祖国和人民。

舒同还准备前往小璜村看望亡妻魏芙蓉的父亲，不料，魏老先生风闻舒同回乡，匆忙从 20 里以外的小璜村赶过来。他是前清秀才，认为舒同做了大官，现在衣锦还乡，应该请求上级给自己封爵赐禄，让舒同哭笑不得。石澜连忙将携带的一块纯白杭纺和人参作为礼品送给魏老先生，以略表心意。魏老先生激动不已，称赞石澜为"贤德之妇"，并认石澜为"义女"，拉着石澜的手潸然泪下。

五天以后，舒同和石澜告别东乡，临行前石澜将随身携带的四五十元津贴给乐恩喜，给父亲坟上增添新土，竖上一块石碑。舒同寄来给父母亲立碑题写的碑文："公元一九五四年，先父舒仁兴之墓，舒同立。""公元一九五四年，先母舒乐氏之墓，舒同立。"乐恩喜购买上等石料麻石作为墓碑石，请石匠将舒同题写的字摹刻在墓碑上，分别立于墓前。舒同长期在外面工作，父母的墓即由乐恩喜与嵇丰兴照看，每年清明节前去扫墓。1967 年乐恩喜逝世后，也葬在舒同父母墓旁。

舒同和石澜一行乘浙赣铁路列车来到杭州，入住西湖饭店。

石澜向饭店借了一辆小卧车，独自回到离杭州百里的于潜县横塘村。尽管石澜离开不过十多年，由于连年的战争，家中的房舍早已破旧不堪，"耶稣堂"三字也被人刮去，慈祥的祖母已不在人世，父亲也因脑震荡后遗症而病故。施家原是淳朴的农民家庭，笃信基督教，不参与任何政治党派，但抗日战争的洪流仍将施家卷进了政治旋涡。大姐施恩福随丈夫全家迁至大后方云南；石澜于1938年投奔延安；妹妹施卓人参加国民党战时干部训练团，后随国民党撤退台湾；大哥为人刚直，做过三年保长，解放后被人民政府作为"历史反革命"逮捕，关进监狱；二哥患肺痨病躺在床上，儿子解放后参加新中国建设工作，却不幸死于白血病，留下寡妻孤儿。侄辈们都希望能干的姑姑给他们介绍一份工作，将他们从贫困中解救出来。但石澜恪守共产党人不能以权谋私的准则，未予答应，而希望他们自食其力。只答应以自己的工资膳养母亲和抚养两个孤儿侄孙，直到他们成年自谋出路为止。"文化大革命"爆发后，石澜因自身受到迫害而被停发工资，不能再给母亲寄生活费。

第二天，母亲陪同石澜去看父亲的墓，母女俩互相劝慰。母亲仍是虔诚的基督教徒，当母女俩走近父亲的墓边时，母亲对着荒坟悲惨地喊道："孩子他爹，你的彩莲女儿回来看你啦！你在坟里看得见她的身貌么？她离开你时还是那样娇小、幼弱，而现在却是多么能干、坚强啊！"石澜听见母亲的喊声，犹如晴天霹雳，振聋发聩，身不由己地跪倒在父亲墓前，放声痛哭起来。后来，还是母亲扶起石澜，安慰说她父亲生前做了许多善事，上帝会喜欢他，现在一定在天堂。

晚上，石澜与母亲同睡在一张木制大床上，合盖一条大被子。

母亲用枯瘦的手抚摸她长满胼胝的脚，痛惜年仅 30 岁的女儿走了太多的路，吃过太多的苦，以至于脚底板这样硬。母亲在女儿耳边不断地诉说，石澜却因为太累沉沉睡去。梦中有声音引导她不断前进："不要怕坎坷艰难，坚持下去吧，我的女儿，一代代地坚持下来，总能找到辉煌绚丽的地方，不要为逝者而忧伤！"这声音既像祖母和父亲，又像无数逝去先烈的英灵。

石澜回到杭州，凑巧的是，粟裕、唐亮、刘晓等也来到杭州度假，由杭州市委安排在富有诗情画意的西泠饭店，相互为邻，朝夕相处。饭店主人获悉舒同和石澜有三个未成年孩子还在上海，未征得他们同意，就将孩子和保姆接来杭州。刘晓特别喜欢孩子，很快就与孩子们混熟了，并给他们取了绰号"牙牙头！""尧尧头！"

1953 年，舒同偕夫人石澜与粟裕、刘晓、唐亮等首次休假，在浙江严子陵钓鱼台游览时留影

还对三个孩子作出不同的评价："关关有谋略，均均颇老成，毛毛活泼可爱。"刘晓早晨起来，微胖的身躯穿着丝绸长睡衣，头戴灰黑色瓜皮帽，在走廊里散步。毛毛好奇地盯着刘晓的脸发笑，刘晓弯下腰询问毛毛："你看我像什么人呀？"毛毛毫不迟疑地说："你像个地主！"走廊里传来一片笑声。

粟裕休假时脱去军装，穿着深蓝色凡立丁中山装，仍有挺拔的军人气概。石澜虽然久闻粟裕大名，却是第一次见面。粟裕询问石澜的名字和籍贯，石澜回答："我是浙江人，生在四明山，长在天

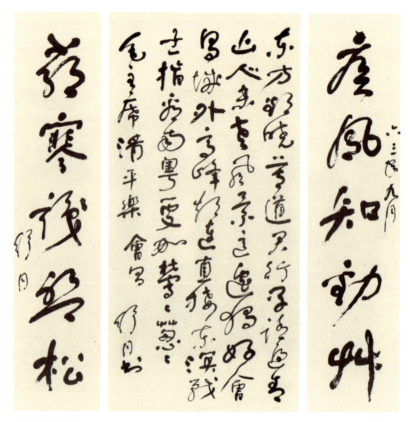

书中堂、五言联

书自作诗悼念战友粟裕同志 1984 年

目山，十足的山里人。"粟裕"啊唷"一声，声称石澜是他的"小老乡"。石澜表示不解，原来粟裕抗战时期曾任苏浙军区司令，在四明山和天目山打过游击，开辟浙江抗日根据地。

　　舒同、石澜和粟裕等从杭州坐车到桐庐，登上富春江岸高高的严子陵钓鱼台。石澜看了不得其解："这个钓鱼台这样高，想当年怎么能在这里向江面上垂钓？""钓鱼不是目的，他是在这里隐居的。"粟裕笑了笑说："严子陵是刘秀的同学，名叫严光，刘秀当了东汉皇帝后他就在这里隐居。刘秀请他去朝廷当官，他拒绝了。"粟裕进一步解释："古时候，怀有政治抱负的人往往以垂钓为名，隐居起来写书。中国有好几处钓鱼台，姜太公隐居渭河边，渭河就有个姜太公钓鱼台。他也不是真的钓鱼，而是隐居在那里写书的。"姜太公是智勇双全的名将，辅助周武王灭商，立了大功，并写有兵书《文韬》《武韬》《虎韬》《龙韬》《豹韬》《犬韬》，所述均是作战谋略。石澜只知道有《孙子兵法》，从未听说过姜太公还写过古代兵书谋略，粟裕将军之所以能够"百战百胜"，原来其心中自有韬略。

从严子陵回来，杭州市委又安排舒同一行游览宁波东南的东钱湖。石澜原本不想去，那是自己的家乡，没什么好看的。粟裕却劝说："你这个浙江老乡却不去看东钱湖？东钱湖是你们浙江最大的湖泊啦！它由谷子湖、梅湖、外湖组成，湖宽几百里，盛产鱼虾，周围丘陵环抱，溪泉很多，风光绮丽。"东钱湖果然名不虚传，一行人坐汽车到湖边，下车再爬丘陵，爬得满头大汗，将外衣都脱了。随行人员给他们拍了照片，留下美好的记忆。

第十三章 ｜ 第二故乡

从红军到抗日战争，到解放战争，一直到革命胜利，到省委再到第一书记，这是舒同在革命事业上的第二个高峰。他的书法也是从前期的艰难困苦、笔笔藏锋，到新中国建设初期时外柔内刚、热情奔放的风格。

任职山东

解放战争时期，陈毅与舒同在山东和华东并肩作战，相互了解，配合默契。中央根据陈毅和浙江省委书记谭启龙的意见，调舒同到山东主持山东分局工作，舒同就于 1954 年 8 月提前到山东走马上任。舒同到山东主持工作，得到山东干部及同志的大力支持，并被寄予厚望。1955 年 1 月 1 日，中共中央山东分局正式改为中共山东省委。8 月，经中央批准，成立山东省委书记处，由舒同、谭启龙和赵健民三人组成，舒同负责全面工作。

关于到山东任职情况，舒同有过简单的回忆：

> 1954 年，华东局扩大会议之后，陈毅同志和我谈过一次话，说我"过去没有掌过舵，这次去山东掌掌舵"。这正是准备撤销华东局，要我去山东的时候。接着，陈毅同志就亲自去山东领导反对当时山东分局向明等人参加高饶反党联盟的斗争，他领导的山东分局扩大会议快要结束的时候，亲自打电话给华东局，要我从上海赶去协助他的工作，继续领导这一斗争，就这样，我结束了解放战争后三年和上海工作的五年。

当时中央对舒同另有考虑，毛泽东似乎更希望让舒同留在宣传战线上，更好地发挥其"党内一支笔"的作用，并曾点名要调舒同进京，有两个职务供其选择，一是人民日报社社长，二是文化部党组书记。1955 年 1 月，毛泽东在济南接见舒同、谭启龙，听取有关"向明问题"

书中堂、五言联

的汇报时，突然改变话题，重新提出要调舒同赴京，出任人民日报社社长的旧事。毛泽东说："舒同当人民日报社长，还可以兼山东的省委书记嘛！在中央工作能统揽全局，掌握政策，必要时可以到济南来，指导山东的工作；兼省委书记又便于搞调查研究，了解下情，对办好《人民日报》也有好处。"陪同前来的杨尚昆出来打了圆场，提议此事回京以后再议。1958 年，中共中央机关理论刊物《红旗》杂志创刊时，原拟聘的编委都是在京工作的领导同志和理论专家，报毛泽东审批时，毛泽东又在名单上增加了舒同、陶铸和王任重等三位在京外工作的第一书记。

书成都武侯祠七言联

1958年,舒同全家在济南

1955 年 5 月 1 日,中央军委决定,以山东军区为基础组建济南军区,杨得志任司令员,谭启龙任政委。1956 年 7 月,改由舒同兼任第一政委。中国人民解放军实行军衔制,陈毅找舒同谈话:"论资历、职务,你都可以评个上将;论贡献,单凭你在解放战争六次策反战功,把几十万国军争取过来,评个大将也够格。但由于名额有限,你已在地方工作任省委第一书记了,评军衔的事就让贤吧!"舒同向来不计较个人得失名利,坦然让贤。

石澜原任华东局宣传部教育科科长,主管工矿党员支部工作。华东局准备撤销时,组织上决定调石澜任舒同秘书。分管干部工作的华东局宣传部副部长匡亚明找石澜谈话:"经部务会议决定,调你去做舒同部长的秘书。舒部长本来有一位秘书,就是朱洁斋同志,他是复旦大学刚毕业的学生。你去了后,多管舒同同志的政治事务,是政治秘书,还要照顾他的生活。"匡亚明以夫唱妇随、形影相照结束谈话，说话极富艺术，组织上考虑到舒同生活自理能力太差，无论对家务还是对子女都是实行"无为而治"，不拘小节，希望石澜能够更多地照顾他的生活，另外工作起来也较为方便。既然是组织上的关照，石澜自然欣然从命。

自从各大区中央局撤销后，毛泽东对各省、自治区党委第一书记的领导，主要是采取召开省、市、自治区党委第一书记会议的形式。舒同作为山东省委第一书记，参加了有关会议。石澜作为山东省委第一书记的秘书，也有幸亲聆毛泽东的讲话。

毛泽东以这种方式召开会议，与其说是部署工作，还不如说是开

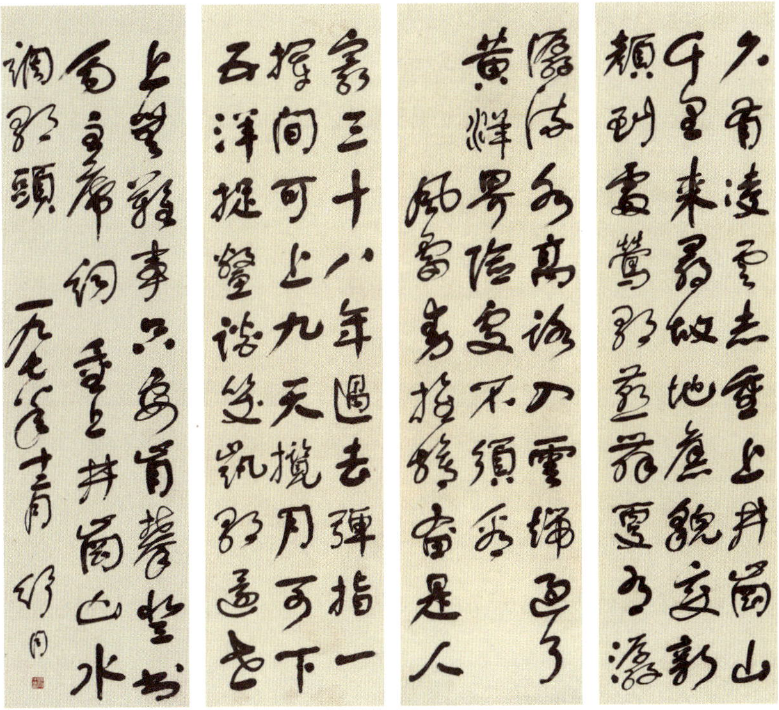

书毛泽东词《水调歌头·重上井冈山》

"讲习会"或办"学习班"。在革命战争年代，毛泽东积累了极其丰富的经验；在革命战争的实践中，又培养了许多领会其战略思想脉络的帅才和将才，指挥起来也得心应手，从而取得中国革命的胜利。中华人民共和国成立后，毛泽东所面对的是一个完全不同的进行经济建设的新情况，还没有培养出一批像战争年代那样熟悉自己所面临的任务的建设人才。担任各省、市、自治区常委书记的干部，尽管在战争年代学习了打仗，政治上与毛泽东的感情深厚，却并不熟悉经济建设，尚不完全具备领导生产建设的经验和才干。因此，毛泽东在召开省、市、自治区党委第一书记会议时，以很大一部分时间谈论学习问题，讲解如何学习自然科学、辩证法以及政治经济学，目的在于教育干部，提高他们的领导素质和领导才能，使他们在思想上能与毛泽东的思想息息相通。

1957 年 7 月，中央在青岛召开各省、市、自治区党委书记会议。会议期间，毛泽东到海水浴场游泳时，因水温太低，不慎得了重感冒，随行的保健医生用西药治疗，效果不理想。于是舒同便推荐山东名中医刘惠民给毛泽东看病。征得毛泽东同意后，他用专机将刘惠民大夫从济南接到青岛，为毛泽东作了诊断。刘惠民是个社会经验极丰富而且医术高明的医生，深知给毛泽东治病责任重大而有所顾忌，一再声明："药方可以开，但必须由舒书记夫人亲自跟我去药店抓药、亲自煎药，并亲自看着主席喝下去才行。"于是，刘惠民与石澜一起驱车到药店配药。刘大夫亲自检验，一味味、一粒粒精心筛选包好。刘大夫还指导石澜熬药，向毛泽东随从人员一一交代服药后的护理事项。如此一日三次，大家一丝不苟地工作。三天后，果如刘大夫所言，毛泽东的感冒症状完全消失，奇迹般地恢复健康，睡眠也特别好，感到特别高兴。按照有关规定，毛泽东不能由随便什么医生看病，地方上的同志也不能介绍医生给毛泽东看病。但舒同是个例外,他心地单纯,对他熟悉的刘惠民医生绝对信任。舒同和石澜对毛泽东一片忠心而得到特别信任,急其所急,心地坦荡,并无顾忌。事后,谭启龙也说舒同胆子太大。

毛泽东临离开青岛之前,在下榻的前德国提督所居的提督楼单独接见舒同夫妇,以表谢意。

毛泽东见石澜进来,从沙发上站起来,握着石澜的手,对三天来为他熬药送汤的行为表示感谢。石澜看到毛泽东,就像看到自己的父亲一样感到特别亲切,并在毛泽东身边坐下,拉起了家常。

毛泽东不解地询问:"刘大夫给我吃的草药,其中有一味酸枣仁,它起什么样的作用?为什么要生、熟合捣?"石澜解释:"药用酸枣仁,以陕北产最好,在延安的山峁、川地到处都有,杨家岭山峁里就很多。我们在延安时,总是采酸枣装在口袋里拿它当水果吃。它的仁嘛,生吃能提神,炒熟吃了能安神,生、熟捣碎入药可发挥提神、安神的两种作用,对立统一,中枢神经得到平衡,所以您就能安睡了,感冒也好了。"毛泽东听到这里,笑了起来,对坐在身边的舒同说:"你看,你夫人讲得多细!还讲了酸枣仁的辩证应用哩!"三人都笑了起来。

毛泽东回京后,又率团参加在莫斯科举行的各国共产党和工人党代表大会,刘惠民也作为保健医生随行。从此以后,毛泽东记住了石澜的名字,每次见到舒同,都要代问石澜好。

1958 年 3 月,舒同参加在成都召开的中共中央工作会议,毛泽东要舒同汇报山东近年来工农业发展情况,列举山东优势后,询问舒同:"山东还有哪些困难需要中央帮助解决?"舒同见毛泽东这么关心山东,也无所顾忌,特别提到:"山东在抗日战争、解放战争中饱受

书五言联

战火煎熬，做出了重大牺牲，工农业基础薄弱，干部对搞经济建设普遍缺乏经验；特别是财政方面资金短缺，无法在基本建设上投入更多，至今还欠中央巨额债务。"舒同一吐为快后，准备接受毛泽东的批评。但出乎舒同意料，毛泽东打断舒同的话，突然提高嗓门喊道："先念同志，舒同同志说他们还欠中央的钱，对不对呀？全国的解放，山东是做出过重大贡献和牺牲的，这些钱，我看就给他们免掉吧！"毛泽东语惊四座，会议室鸦雀无声。掌管中央财政大权的李先念与舒同交换了眼色，两人会心地一笑。财政部长李先念大声地回答："我同意主席的意见，一个字：免！"

1959年底，苏联代表在布加勒斯特会议上，对中国公开发难，搞突然袭击。澳大利亚共产党中央委员会总书记兰斯·路易斯·夏基在会上力排众议，仗义执言，批评苏共的家长制作风，予以中国共产党有力的声援和支持。毛泽东了解了这一情况后，指示中国代表团邀请夏基到中国询问。夏基到达北京后，毛泽东称赞其敢于坚持原则，很有骨气。夏基也对毛泽东表示崇高的敬意。毛泽东在与夏基的谈话中，了解到夏基曾经是个教师，马列主义的水平很高，讲话极富鼓动性，澳大利亚共产党有着广泛的群众基础等情况。毛泽东遂向夏基建议："澳大利亚也是一个农业大国，许多方面跟当年的中国很相似，将来也应该通过武装斗争夺取政权，走社会主义道路。"可夏基却强调自己只是中学教师出身，从事马列主义宣传，参加竞选还可以，但开展武装斗争，夺取国家政权，则心有余而力不足。毛泽东中断了谈话，表示要带夏基到济南去见一个人。于是，当晚，毛泽东便与夏基乘火车专列，直奔济南而来。

当时是 1959 年 10 月 25 日，舒同正在临沂检查工作，接到通知立即让司机王裕卿连夜开车往回赶。当舒同走进毛泽东专列时，看

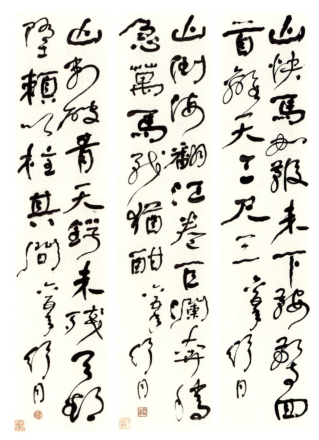

书毛泽东词《十六字令三首》1965 年

到毛泽东身边还坐着一位外国人，感到特别奇怪。中央办公厅电话通知舒同来见毛泽东，并未提到还有外宾参加。究竟属于什么性质的会见？为什么不安排到北京而要跑到济南来？为什么又指名要自己参加？舒同不得其解，他上前向毛泽东问好。毛泽东笑着站了起来，也未作任何解释，便一手把舒同拉到身边，另一只手拉着夏基，让记者先给他们照了张合影。

待记者退出以后，毛泽东简单介绍在北京与夏基谈话的情况，话题一转，指着舒同对夏基说："他叫舒同，早年毕业于江西第三师范，本来是要当老师的。我也是师范毕业的，湖南第一师范。我们两个和你一样，也都是当教师出身的。但是为了救国救民，我们又都投笔从戎，搞起了武装斗争，还都参加了二万五千里长征，并最终通过武装斗争，夺取了全国政权。现在，他领导一个省，搞得不错。我领导一个国家，干得也还可以吧？"舒同听了不免受宠若惊，但夏基并不明白毛泽东话中含义，只是不停地点头微笑。毛泽东话锋一转，两眼盯着夏基说："那你夏基同志，你老是说你是当教师的。你为什么就不能也像我们一样，发动群众，搞武装斗争，去夺取政权，建设一个社会主义的新澳大利亚呢？"

《人民日报》当日作新闻报道，并刊登王稼祥、舒同陪同毛泽东会见夏基的照片。

舒体书法

新中国成立之初，舒同题写的报头、刊头风行华东各省，有人问郭沫若："舒同写的是什么体？"郭老坦言："他写的是舒体。"作家刘绍堂曾说："五十年代有不少知识分子学舒体成风。"汪东兴在回忆录中说："毛主席说舒同的字'有基础、有气度，好看'。"是说舒同书法有传统文化底蕴，有革命时代的精神气势，有雅俗共赏的审美高度。

老中医刘惠民大夫给何香凝看病时，看到何家中悬挂舒同的字，二人聊起了书法。何香凝认为："国共有两支笔，国民党是于右任，共产党是舒同。"刘惠民询问哪一支笔好时，何香凝表示："各有千秋，但我喜欢舒同的字。"1958 年 9 月是济南解放十周年，济南市在解放

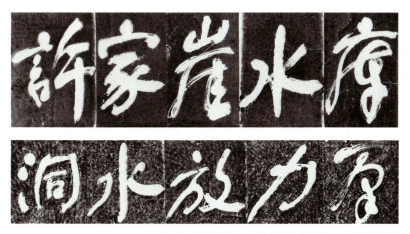

在山东省人民兴修水利中题许家崖水库、群力放水洞

重要题字

军攻城处修建"解放阁",作为永久的纪念。济南市委上书请毛泽东题词,毛泽东却说:"山东舒同是书法家,请他写。"舒同则谦虚地说:"济南战役是华东野战军打的,华野司令员是陈老总,这个字应请陈毅元帅写。"

1959年夏,为了迎接新中国成立十周年,兴建了北京"十大建筑"。从北京站、中国革命军事博物馆到民族文化宫、中国美术馆,均由毛泽东题写匾额。唯有"华侨饭店"请陈毅题写,而"全国农业展览馆",毛泽东批示:"山东,请舒同同志题。"

舒同擅长也喜欢写大字,每逢题匾时,都坚持匾额做多大,就要写多大的字。舒关关回忆:"父亲坚持'原字原大'的信条,每个字都要写成半个乒乓球台那么大。我和警卫员早饭后就轮番上阵,用吴仲超(原故宫博物院院长)送给父亲的那块据说是乾隆皇帝用过的特大池砚,为他磨了满满三砚池的墨才刚刚够用。这是我见到父亲尺幅

为各地报刊题名的一部分

为各地报刊题名的一部分

最大的榜书字。那时宣纸奇缺，父亲这几个字是写在印刷报纸的普通白纸上的，无法装裱保存。'文革'中，镶嵌在农展馆高大石壁上的金字，硬是被造反派抠了下来'彻底砸烂'了。'文革'结束后，调任农展馆馆长的金锋叔叔根据群众的要求，决定仍换回父亲的题词，却怎么也找不到原稿，只得请父亲重写一幅，但这时的父亲已无力也无心再写那么大的字了。这是无可挽回的书坛憾事！""文化大革命"爆发后，舒同回忆："我被打成'大叛徒''走资派'，人'倒'了，字也随之'倒'了，由我书写的'全国农业展览馆'的巨幅匾额和其他许多字画也被'砸烂'！"但更有很多人珍藏起舒同的字，有人将舒同写的大字报也收藏起来。还有人悄悄请他写字珍藏，成为传家宝。后来，为了舒同书法作品的真伪，还发生过司法界继吴冠中绘画真伪案之后第一桩书法真伪诉讼案（见《西安晚报》1998 年 12 月 18 日及1999 年 6 月 28 日、7 月 21 日报道）。甚至还有因家藏他的书作，后人分家困难，法院不得不判决请舒同再写一幅字的奇事。

"跃进"与整风

1955 年 3 月，舒同出席在北京召开的中国共产党全国代表会议，会议通过了《关于中华人民共和国发展国民经济第一个五年计划草案的决议》，毛泽东作了重要讲话，提出要在大约几十年的时间内在经济上赶上或者超过世界上最强大的资本主义国家的设想。舒同会后除传达会议精神外，主要抓农业生产合作运动。

中共山东省委筹办出版机关刊物，舒同提议刊名为《新论语》，并亲自题写了刊头（见 195 页）。毛泽东称赞他意在创造新文化。舒同用了很大精力抓干部的作风整顿，反对强迫命令，违法乱纪现象。舒同不止一次作出《七要七不要》的报告，"既防'左'，又防右，关键是调查研究，提倡从实际出发，实事求是，不要从主观愿望出发，不准强迫命令，并通过各种渠道，宣传这一主张。"

舒同偕山东省委领导山东人民提前完成国民经济第一个五年计划，成为山东社会经济结构发生巨大变化、经济与文化现代化建设发展较快的时期。全省农田水利建设，以人海战术修筑的水库、水渠等，有些至今还发挥着作用。

1956 年 9 月 15 日至 27 日，中国共产党第八次全国代表大会在北京召开，舒同作为山东代表参加了会议，被选为中央委员，谭启龙和赵健民被选为候补委员。石澜回忆："委员中除毛主席周总理等中央领导人外，你是得票最多的一个，可见你在党代表中的影响。"

1957 年 3 月 18 日，舒同陪同毛泽东到济南珍珠泉礼堂。毛泽东向山东省机关党员干部作了《思想问题》的讲话，阐述如何正确处理人民内部矛盾。即我们的方针不是"收"而是"放"，不是压服而是说服。应坚持"百花齐放，百家争鸣""长期共存，互相监督"的方针。

12月9日至23日，中共山东省第一次代表大会第二次会议在济南召开，省委第一书记舒同作了《全面开展整风运动，大力掀起生产高潮》的报告。会议集中研究讨论整风和生产两大中心任务，要求各级党组织按照党的八届三中全会的精神与要求，全面深入地开展全民整风运动，掀起农业与工业生产高潮。会议期间，毛泽东到济南珍珠泉礼堂与全体代表见面，并看了大字报。

整风运动的目的是解决人民内部矛盾，但事情的发展却走上了歧路。在思想上、组织上、政治上造成严重后果，造成延续20多年的"左"的思想的发生发展，并影响经济建设中不按客观规律办事，造成建设事业的重大失误。

举国上下"大跃进"的狂热，让舒同最终难以保持清醒头脑。他曾经在1959年夏率领全家人去济南郊区农村参加夏收，亲自收割、过秤，核算到底有多高产量。但后来得知仍被有关部门事先在打谷机中藏下几千斤麦子，最终没有得到真实产量。他还曾在上报总产量前的全省各县领导会上诚恳希望大家讲实话，也得到一致表示决无虚报的成分。于是，报上去高产量，相应高征购不能达到，又要反满产私分，导致农民没有口粮闹饥荒……

由于大批劳动力离开农村从事大炼钢铁，致使1958年山东秋收时成片的庄稼、棉花无人收获，冬小麦种植减少，加上虚报粮食高产而带来的高征购，造成粮食严重不足。1958年末，秋收刚结束不久，一些号称"特大丰收"的地区，包括济宁和聊城等地已经开始闹粮荒。

"大跃进"时期，舒同给国务院参事管易之写了一幅字，内容是毛泽东词《清平乐·六盘山》，在这幅字的迎首位置第一次出现了一枚闲章："实事求是"，这在舒同过去的书法作品中是从没有过的。

1958 年 9 月，中共中央颁布《关于各级领导干部参加体力劳动的决定》，1959 年 2 月 12 日，舒同主持召开省委书记处会议，提出要到全省农业先进单位历城县东郊人民公社当社员，并决定由自己带头，各个书记、常委今后要轮流深入人民公社和工厂当一段时间的社员或工人。舒同是轮流下去的第一人，《大众时报》刊登了他下乡当社员的笔记，毛泽东听说后还组织了六级书记座谈会了解情况。

为纪念《大众日报》20 周年题写贺词

"五风"危害

　　"大跃进"给山东带来饥荒问题，1960年3月23日，中央对山东六级干部会议作出批示："山东发现的问题，肯定各省、各市、处自治区都有，不过大同小异而已。问题严重，不处理不行。"9月，主管农业的省委第二书记谭启龙向中共华东局反映山东情况。10月9日至18日，华东地区农业会议在济南召开，出席会议的有江西、浙江、上海、安徽、江苏、福建、山东等七省市的主要负责人。

　　10月20日，上海分局书记柯庆施在大会上宣布舒同犯了"政治性错误"，并宣布中央撤销舒同第一书记职务的决定，指派安徽省委第一书记曾希圣兼任山东省委第一书记。接着省委召开全省五级干部大会，批判舒同的错误，群情激愤中甚至有人提出要枪毙舒同。舒同在主席台上站起来，心情非常沉重。他说："我完全同意中央对我所犯错误的决定。这种错误前因后果我今天就不讲了。既然是造成这么样的错误，我对不起人民，我向人民谢罪。"讲了这么几句话他就下来了。

　　石澜意识到"山东问题"与舒同所犯错误的严重性，当主管农业的副总理谭震林准备返回北京时，她匆匆赶到济南火车站，登上列车与谭震林及其夫人葛惠敏相见。石澜抑制不住内心的翻腾激动地说："山东的问题是严重的，舒同要负主要责任，若要枪毙，我愿与他同饮一颗子弹。……山东的问题不是孤立的，柯老所说的五个破坏在全国带有普遍性……但我觉得有一点，我可以保证，就是舒同没有另搞一套。山东工作是按主席指示忠实奉行的,只是领会不深,理解不透。"

1961 年 1 月 14 日至 18 日,舒同作为八届中央委员参加在北京召开的八届九中全会。全会正式通过对整个国民经济实行"调整、巩固、充实、提高"的方针,并决定在农村深入贯彻"十二条",进行整风整社。毛泽东在会上发表讲话,承担主要责任,号召全党大兴调查研究之风。这次会议对恢复党的实事求是传统,纠正"大跃进"的错误而言,是一个转折点。

会议休息期间,舒同遇到毛泽东,他快步跟上去,喊

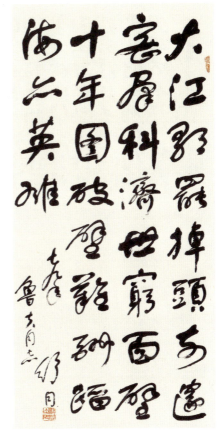

书周恩来诗《无题》1979 年

了一声"主席"。毛泽东停步与舒同握手,说:"你的错误是认识问题,改了就好。"并吩咐,"你仍然可以做省委书记处书记,今后多作调查研究。"舒同感谢毛泽东的关心,内心激动不已。

舒同之子舒安沉痛地说:"父亲在山东工作前后近十年的时间,视山东为第二故乡,努力为人民谋福利,跑遍了全省各地,努力忠实执行党中央的方针路线,却事与愿违,犯了全国普遍的浮夸风的错误。"

书毛泽东词《沁园春·雪》（"七分半体"）

　　"'山东问题'成为父亲一生最大的痛，他一直以负罪之心，想在跌倒的地方再爬起来，弥补对山东人民造成的惨重伤害。尽管当时的错误在全国极为普遍，是在国际社会孤立、压迫新中国，全国人民努力自力更生，急于改变一穷二白面貌的热情激发下，脱离现实基础而酿成的惨痛后果。是中国人民在那个历史条件下，为尽快自立于世界民族之林，忍受牺牲、自我激励，最终为革命热情驱使却因违背客观规律，而我们的领导干部又普遍缺乏经济建设与发展规律的经验，最终导致的惨痛教训！在1961年七千人大会上，毛泽东作为党中央主席主动承担错误的责任。后来获悉'山东问题'在全国普遍存在，而山东并不是最严重的。山东由于并未刻意隐瞒而被最早发现，父亲也因此成为第一个被撤职的省委第一书记。父亲的撤职处分在1981年由胡耀邦主持的中央组织部行文正式予以撤销，但父亲仍然觉得自己欠了山东人民，总以负罪的心情面对这段历史。"

第十四章

墨海耕耘

一九六一年六月，舒同来到济南千佛山医院疗养。在千佛山医院疗养的这段日子里，舒同唯一可做的事，就是练习书法。舒同此时极度郁闷的心情，也在他自己的书法世界中，逐渐地得到平复。

千佛山抢砚

　　舒同被撤职后，勇于承担责任，接受严肃批评，主动要求按照中央"体察民情，调查研究，改造思想"的指示，下放到章丘工作，兼任章丘县委第一书记。舒同知错必改，光明磊落的高风亮节在当时的中央或省委第一书记中仅此一人，感人至深。

　　舒同来到章丘后，用不少时间进行调查研究。有时一天要走几十里路，不辞辛劳。他在短短的两个月时间内，跑遍了全县 17 个公社和 30 多个村子，目睹了以前了解不到的农村实际情况。这些情况对舒同教育很深，对其改造思想改正错误触动极大，令他深感内疚，两次亲自起草了感受很深的报告。

　　1961 年冬，毛泽东路过济南，得知舒同身心疲惫，压力太大，致使疾病缠身，仍坚持调查研究，便吩咐他过来面谈。舒同和几个县委书记赶去面谒，毛泽东询问舒同是否还在章丘工作，舒同给予肯定的回答。毛泽东关心舒同的身体，叮嘱北方天气冷，南方人不太习惯，可以不必再下基层："你是省委书记中年纪最大的，身体又不好，回来安心治疗休息，不要再下去了。"舒同听了毛泽东的话，十分感动。

　　八届十中全会后，中央通知舒同仍任中共山东省委书记处书记，分管宣

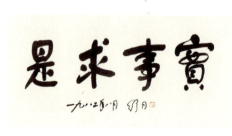

题"实事求是" 1982 年

传文教工作。石澜回忆：

> 这方面的工作，省委设有宣传部，政府设有文化厅、教育厅，不必事事亲自过问。舒同利用这段较闲暇的时机，潜心研究书法艺术，迈入他墨海生涯的新起点。

离开第一书记职务以后，舒同有一段时间在济南千佛山医院疗养。前来向他求字的人络绎不绝，他也将自己沉浸在书艺探索的乐趣里，对求字者总是有求必应。以至于医生觉得他过于劳累，不得不"约法三章"：每天上午疗养，下午写字，而且不得超过两小时。求字者多，不可能都写，怎么办呢？那时市面上买不到好墨汁，所以写字用的墨都要由求字者去磨。后来便形成了不成文的规矩：谁磨了墨就先给谁写。最后发展到头一天写完字，就有人争抢着将砚池拿去，磨一晚墨，第二天端着砚池来求字。这就是"千佛山抢砚"小故事的由来。

舒同曾多次对石澜说过"想在有生之年在书法艺术上进一步钻究、提高"。由

书"大漠孤烟直，长河落日圆"

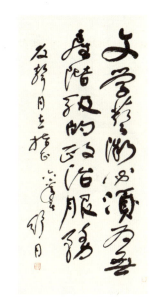

书毛泽东语录赠关友声　1960年

关友声画《墨竹》二幅

于公务过分繁忙，舒同不能如愿，离开省委第一书记职务后，正好有了实现自己愿望的机缘。舒同"在休养时，寄情翰墨，潜心研究书法，结识了山东著名书画家关友声，共同切磋探讨书法理论，遍临名家碑帖"。

关友声是山东著名的书画大家，也是山东画派的创始人之一，其书画作品指导和影响了一代后辈学子的创作风格和特点，是山东艺坛上一位举足轻重的艺术家。盐商世家的关家居于济南南新街一所大宅院中，因发现清代文人吴让人篆字碑刻"嘤园"二字，关友声便取其命名，并自号"嘤园主"，又根据《诗经》"嘤其鸣矣，求其友声"，将自己的字取为"友声"。"嘤园"有个藏书楼，分为上下两层，珍藏关家历代收藏的墨宝、古玩、文史书籍等。

舒同从济南军区搬出后也居于南新街，经常与关友声一起切磋书法理论，遍览历代名家碑帖，说长论短，交流实践。石澜回忆："当时全国处于经济困难时期，饮食不见油荤，但只要家中偶得鱼肉薄酒，舒同必邀关先生来家中共餐对斟，开怀畅叙，挥毫驰骋，其乐融融。"关友声向舒同介绍清代书画家郑板桥的书法，乃是汇集楷、行、篆、隶、魏、颜、草于一体，自称"六分半"。舒同接着说："我是以我为主，兼融七体，——篆、楷、行、草、隶、颜、柳加何绍基（半），可称'七分半'。"研讨书艺理论与大量临池濡墨，使舒同的书法艺术得到进一步升华，形成结构端庄宽博、笔法内在含蓄、藏锋不露、浑圆有力而又潇洒

书五言联

飘逸的"舒体"特点。舒同的书法作品，"或以楷书入笔，雍容大方；或以草书出现，胜似闲庭信步；点画中颜、柳、何各取其精，笔法如云任纵横"。楷、草、隶、篆诸体融合，打破书体和书风间的门户偏见，取其精华。形成千姿百态，各具风韵，酣畅淋漓，大气磅礴。雄浑不失典雅，苍劲中蕴涵内秀的精神面貌。

　　20 世纪 60 年代初，舒同曾以楷、行、草、隶、篆和尝试的七分半体书写毛泽东诗词，并各自集帖，很多看到的人都觉叹为观止，可惜

舒同在章丘留下"墨泉""百脉泉公园"及许多书法作品,传为佳话

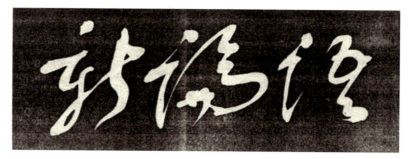

为山东省委党刊定名并题写《新论语》,引起毛泽东注意,称赞舒同有意创造新文化

失落于"文革"中。最近在拍卖市场上见到其中的楷书帖出现,令人惊喜。

　　在胶东行政公署工作的孙志皓第一次看到舒体字,"感到的是书体新颖,与众不同,美极了,反复观瞻,爱不释手"。1950 年,孙志皓调到济南工作,两次见到舒同,说自己正在学写"舒体字"。舒同说:"你临的颜、柳体还可以,还要继续临下去,写我的字体还未学到真谛。""学一种字体,当然要写到形似,连形都不像那就失败了;但是,这还远远不够,还要学到神似,一定要学好基本功,比着葫芦画瓢,你写得再像也超不过我。学我的字体,我希望学者都能超过我,我的基本功力是颜柳楷书的基础，藏锋起笔，中锋运笔，回锋收笔。要多写勤练，写出你自己的特点和风格来。临帖可以颜柳为主，还要广临诸子百家，取各家之长。不但要学进去，还得要闯出来，这就是古人说的要'循门而入'，还得要'破门而出'，而且这个'破门而出'才应该是学书者追求的目标。""书法要继承，先要学体，不能胡写乱画，有些传统的学字写字方法，不能一概否定；但绝不可墨守成规，要创新，要发展，这就是我们先辈所说的，要师古而不泥古。"

有书法家评议，二十世纪五六十年代舒同在山东和陕西写字最多最好，是他书法艺术发展的鼎盛时期。晚年在北京的书作，则人书俱老，有着大气如云的从容、大鹏展翅的通透。"舒体"的特点以颜、柳之楷为本，取诸家字体之长，使圆浑之劲，用藏锋之功，寓巧于拙，字体雍容大方。"舒体"字就是在继承传统书法的基础上融合革命时代的精神，进行改革创新，形成其独特风格、神韵、气度、内涵，显露出一代革命者的精气神。

舒同与关友声的交往中，泼墨挥毫，还练起了绘画。舒同的水墨画，受郑板桥的影响很大，离不开梅、兰、竹、菊"四君子"，但结体笔意完全是他自己的舒体书法的气势与笔墨，雄浑、老辣，堪称大师手笔。

回到陕西

1963 年 1 月 7 日，中共陕西省委发出通知，舒同出任中共陕西省委常委、书记。舒同到陕西与省委第一书记张德生以及常委们见过面后，省委尚未对其进行具体分工，他就急切地提出要到基层进行调查研究。

4 月 5 日，舒同从西安出发。一共五人，挤在一辆吉普车上，第一天，舒同一行沿川陕公路，经过子午镇、旬阳坝，翻过秦岭，到宁陕住下，赋诗《过秦岭》：

过秦岭

阳春三月陕南行，秦岭巍峨飞鸟惊；

柳暗花明春气暖，松高竹挺白云横。

沟深谷落疑无底，水伴人行似有情。

英雄巧创鹛行路，革命车轮万里征。

第二天，由宁陕途经石泉、汉阴到安康地委所在地 —— 安康。舒同豪情满怀，赋诗赞叹：

春日汉江东渡

江北秦岭壮，江南巴山雄；

两山夹一水，楚汉东西通。

烟村如碁布，城镇锯高峰；

漫山皆碧透，春色更葱茏。

松挺麦苗秀，雨多云雾重。

登岸蜀何处，孤艇泊江东。

区委谈生产，形势大不同；

山区无限好，潜力挖不穷。

桑麻茶药漆，橘核果竹桐；

更有原始林，虎豹鹿猴熊。

集体力量大，各项都经营；

欲问鹏程路，万花向东风。

饭后续前进，暮色更朦胧；

乘风破惊浪，天涯咫尺中。

过界岭

暮宿白河风送雨，朝翻界岭雪抱云。

漫山草木尽披素，几处樱桃吐异芬。

舒同、石澜与小儿子舒安及秘书等一起来陕西西安后，住进省委书记院 —— 雁塔路八号大院四号院。舒同主管文教，他在新居地下室安排两间书画室，继续在山东开始书画艺术研究的探索。大批书法作品以新的面貌出现，特别是1965年在陕南书写的一幅毛泽东《沁园春·雪》词六条屏，体现出毛泽东宏大的精神气象和舒体书法的精彩表现力，堪称珠联璧合。有评论家评论，此作堪称中国书法史上的"第三行书"。

舒同在西安雁塔路八号院家中

1965 年，书毛泽东词《沁园春·雪》于陕南，有评论认为可称书法史上的"第三行书"

1964 年 1 月 20 日至 31 日，中共陕西省委召开理论工作会议，传达中国科学院哲学社会科学学部委员会第四次扩大会议精神，并根据陕西情况讨论和提出贯彻措施，动员和组织陕西地区，尤其是西安地区哲学社会科学工作者，重新学习马克思列宁主义、毛泽东思想，加强科学研究工作，积极开展学术战线上反对"现代修正主义"的斗争。陕西省委第一书记张德生作了重要讲话，舒同作了总结发言。1964 年 3 月 20 日至 29 日，陕西省学习毛泽东著作先进单位和知识分子代表会议的西安召开。舒同在会上作了《在毛泽东思想的伟大旗帜下乘胜前进》的总结，就学习毛泽东著作问题作了周密部署，指出学习毛泽东著作的必要性与迫切性。1964 年 4 月 20日至 5 月 28 日，舒同主持安排了陕西省第二届戏剧观摩演出，其中陕西省京剧院排演的《延安军民》《秦岭长虹》等现代京剧是在他的关心下创作的。8 月，舒同参加社会主义教育运动，被安排到西乡二里大队蹲点。

1965 年初，陕西省委第一书记张德生病逝，由胡耀邦接任中共陕西省委第一书记。胡耀邦是舒同的老战友，长征及延安时期相交甚笃。石澜回忆舒同与胡耀邦的密切交往："他到陕西来后，首先到我家访谈，对许多问题的看法都是开诚相见，他没有带家属，西安没有家，所以常常在周六下班后到我家闲谈。"胡耀邦生病住院期间，与同在住院的舒同闲谈。胡耀邦主张反"左"，而舒同却主张反右。这最终导致他们在复杂的路线斗争中各执己见，伤了感情。

书五言联

1965 年 10 月 29 日，中共中央决定免去胡耀邦的西北局第二书记、中共陕西省委第一书记职务，调回中央工作，另调浙江省委第一书记霍士廉任陕西省委第一书记。"文革"结束后，胡耀邦"出山"，为大批老干部平反，也鼎力为刘澜涛和舒同平反。1979 年 10 月 23 日，中共中央批准了陕西省委《关于舒同同志结论的复查报

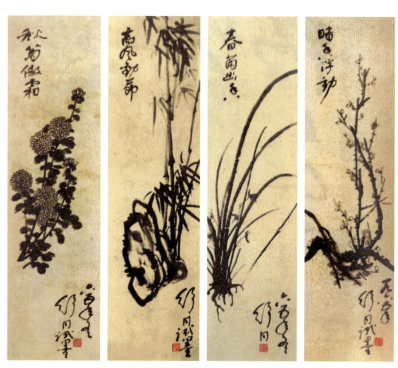

《梅》《兰》《竹》《菊》四君子图 20 世纪 60 年代

告》，予以彻底平反，推倒一切诬蔑不实之词，并撤销了 1960 年给予的撤职处分，恢复名誉。后来胡耀邦指导别人写字时，还建议既要练习欧柳颜赵碑帖，也要学习当代的舒体。

人们不免感慨：在他们身上看到了既坚持原则，又相互理解包容的新君子人格精神。

舒同、石澜与子女们的家庭中，父母双方都以党和解放人民的事业为上，又有着对文化艺术的热爱，是父亲的儒家文化修养、母亲的西方基督教文化修养，在民族危机的凤凰涅槃中，走到中西文化结合，升华成为革命理想而构建的家庭，让孩子们的个性得到尊重，并自立成长。

风云骤起

1966年5月10日，经毛泽东同意，《解放军报》和《文汇报》同时刊登文元的文章《评"三家村"》，5月11日，《人民日报》予以全文转载，成为"文化大革命"全面开始的标志。作为陕西省"文革"领导小组长，舒同检讨自己对批判"三家村"缺乏政治敏感。

1966年6月1日，《人民日报》发表《横扫一切牛鬼蛇神》的社论，"文化大革命"开始。6月初，中共中央在刘少奇、邓小平主持下，决定向北京市大学和中学派出工作组，领导各单位的"文化大革命"。6月3日，陕西省委决定派出工作组（团），试图对各高等院校的"文化大革命"进行领导。舒同后来也为支持派出工作组的事作了检讨。承认："'文化大革命'初期，我参与了'文革'小组的工作，当时对'刘邓资产阶级反动路线'我在认识上也是错误的，而且由于从老经验、老框框出发，对于派出工作组我也是积极的。"

1966年6月以后，舒同已不再参与"文革"小组的工作，实际上"靠边站"了。"去年六月以后，我虽然被排挤，根本不管'文革'小组的工作，但作为省委成员之一，我应当负一份责任，参与过一些会议（很多机要性会议和文件不让我知道）和活动，特别是报纸、广播、新华印刷厂的工作，我负的责任更多。"

1966年8月1日至12日，毛泽东主持召开中共八届十一中全会，舒同是八届中央委员，又是陕西省委"文革"筹备委员会副主任，参加了会议。8月下旬，由于"文化大革命"的升级，中共陕西省委机关受到严重冲击，难以坚持正确工作。陕西省委决定，组成一个综合办公室，由书记处书记舒同兼任办公室主任，同意派出工作组，引导学生运动，惹怒了造反派。据传，舒同被红卫兵围攻时，竟与红卫兵连续激辩72小时。舒同有一句名言："打倒后再平反。"红卫兵记下了舒同辩论中的种种言论，要舒同签名，他毫不犹豫地签下"舒同"二字。红卫兵无奈地封了舒同四个头衔："顽固家""抠词家""理论家""书法家"。

曾为舒同部下的欧阳文回忆：

> 从1937年8月红四师改编为八路军一一五师六八六团开始，我们便很少见面。在这漫长的岁月里，我始终想念他，这次我们同在西安工作，于是，我马上去看望他。后来，他也到学校来看我。我们每次见面，真是有说不完的话。在我的心目中，他永远是我的好首长、好老师。他还给我写了一副对联："长风破万里，干劲冲九霄"，作为对我的期望和鼓励。

"文化大革命"爆发后，欧阳文却被诬为"反党分子""彭德怀集团的漏网分子"被"揪"了出来。西北局造反派将舒同的这副对联抄走，作为舒同为"反党分子"鼓"反党干劲"的罪证。舒同为此被批斗了一个星期。舒同在"检查"中声明，与欧阳文的关系，纯属同志之间的正常工作往来。但要改掉为人写字的"毛病"，舒同却欲罢不能。舒同从无数事实中，认识到广大人民群众真心珍爱书法艺术作品，人民喜爱书法，书法属于人民。

1978年，舒同和欧阳文在北京再次相见，欧阳文问："还敢不敢给我写副对联？"舒同表示："写！"于是他写了一幅以毛泽东诗词《长征》为内容的中堂和一副"渭北春天树，江东日暮云"的对联，让欧阳文感慨不已。

　　舒同的老战友、时任最高人民检察长的张鼎丞也受到围攻，造反派对这位古稀老人毫不留情，让他接受没完没了的陪斗、跪斗、坐"喷气式"飞机，遭到"车轮战"迫害。身处逆境的舒同异常担心，迫于当时的政治形势，也不好直接表达对张鼎丞的支持，以免增加其"罪状"。舒同乃辗转托人捎去一把"路遥知马力"的折扇，勉励张鼎丞。这是源于：1939年5月，正在江南抗日前线的张鼎丞接到党中央前往延安的通知，经过两个多月的长途跋涉，终于抵达革命大本营延安时，毛泽东在窑洞前热情地迎接，深情地说："你回到家了，路遥知马力啊！"

　　舒同回忆："自从康生在'文化大革命'初期亲自点名，使我遭到残酷打击迫害以来，我过去写的东西，许多都成了我的罪状。我也几次下决心要'接受教训'，今后不再给别人写字了。"

　　1966年底，舒同就被造反派列入"刘邓资产阶级反动路线"的

题扇面《路遥知马力》赠张鼎丞

阵营。舒同与"文革"红人康生的交往，也导致他在"文革"中被康生指名贬斥。康生对书画有深厚的兴趣，自号"鲁赤水"，对应"齐白石"。康生收集各种各样怪石，自称"全国第一"，对诗词和书法上也下过功夫，其"章草"写得胜人一筹，但未形成独特的书体，曾称赞舒同"写字很有天分"。1965年，康生请舒同

书五言联

到家里做客，拍着舒同的肩膀，将话题转到书法上。康生夸奖舒体字"大气磅礴，行体尤佳"，请舒同"务必签名盖章"。康生称赞："舒同同志，你的字真写得好哇！听说人称党内一支笔，我也很早就对你的字深表钦佩了。不过，请你听我一句，如果能把你的字里那些何绍基的成分去掉，那就更好了。"舒同解释："何绍基的字一般人是会感到离奇怪诞的，其实他是精气内涵，意态超然，越看越有味儿。"康生将脸一沉："何绍基有什么好？我一点也不喜欢。"舒同当即反问："何绍基有什么不好？我最喜欢的就是他的字。"舒同认为何绍基"柔中有刚"，对康生的看法不以为然，也不想改变。

"文革"初的舒同

"文化大革命"爆发后，大权在握的康生竟然莫名其妙地在一次万人大会上点名："章泽（时任陕西省委书记处书记）与舒同是一丘之貉。"1968年7月21日，康生向江青呈送诬陷第八届中央委员会成员的绝密信，这份由康生亲拟的名单，共有88名第八届中央委员和候补委员分别被诬陷为"特务""叛徒""里通外国分子"和"反党分子"，另有7名划入"靠边站尚未列入专案"的范围，还有29名被定为"有错误或历史上要考查"对象。被诬陷的中共第八届中央委员会成员竟达124名，中共第八届中央委员会成员共有193名，占了65%左右。舒同也名列其中。

患难与共

　　1967 年 1 月，石澜从最早的问题干部学习班被遣散返回西安原单位，其间与家里已有很长时间没有联系了。1 月 29 日是个星期天，石澜向造反派请假回家，作了三种思想准备。"一是舒同不让我进家门；二是舒同自己也被群众管制，在写检讨；三是我被群众所盘诘，受殴斗。"石澜忐忑不安地走到雁塔路八号原省委大院门口，只见人们排着长长的队伍往里走，是群众正在参观这座"地主庄园"。石澜随着人流进入大院，发现自己家已经布置成了"展览厅"。展览负责人、陕西师大的一位冯姓同学与石澜谈了话，石澜才得知全家早已被"扫地出门"。

　　石澜沮丧地走到雁塔路公共汽车站，准备搭车回机关。却意料之外地看到舒同正被陕西省共产主义劳动大学的学生押解着在大卡车上游街示众，车子从南往北开动。石澜回忆当时的情景："因为舒同兼任劳动大学校长，还有副校长段洁等同志也在一辆卡车上陪游。舒同头戴纸糊的高帽子，这帽子还有一对帽耳

书五言联

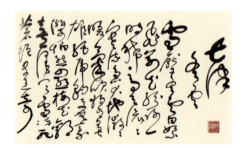

书毛泽东诗《七律·冬云》

书毛泽东诗《七律·和郭沫若同志》

子，汽车开动时，帽耳子还忽闪闪地摆动，活像戏剧上的贪官；胸前挂着一块大牌子，写着'反革命修正主义'字样。我看他瘦多了，右耳刚做过手术的创口还贴着纱布。不过他神情还是镇静的，嘴角上像往常那样挂着一丝微笑。"石澜自己游街时没有掉过眼泪，此时却控制不住自己的感情，尽管夫妻之间偶尔也有过龃龉，但都忠于革命理想，是革命同志。石澜过去多次送舒同到战争前线去，为革命而斗争。如今看到舒同受此凌辱，禁不住潸然泪下。石澜心里呼唤着舒同的名字："舒同！你要经得住考验啊！"

　　石澜此刻想到正在美院附中上学的小儿子舒安，他从未离开过母亲，现在父亲被"扫地出门"，游街示众，成了"三反分子"，儿子会在哪里安身？舒安没有经济来源，如何生活？石澜的心似撕裂般地疼痛，呼唤着儿子的名字，随着人群，跟着大卡车盲目地奔跑起来。人群中突然有一个人挡住石澜的去路，并且拉住她的手，大声问："石主任，你跑到哪里去？"石澜定睛一看，原来是舒同从山东带过来的大师傅李时荣，现在无事可干，正在看舒同游街。李时荣告知舒同已和舒安与秘书许汝洲一家被迁往建国路的一个干部宿舍，石澜悬着的心放了下来。但经历过"学习班"的苦难，现在又被"扫地出门"，她自觉已经成为一名"孤独的哀兵"。

石澜被扣上七顶帽子 ——"反革命修正主义""反党分子""资产阶级代表人物""三反分子""顽固不化的走资派""五一六分子",最后被定性为"现行反革命分子",并立案审查,准备逮捕法办。但石澜并未因此而屈服,曾针对"造反派"写出《自励诗》:

运交华盖欲何求,刚得翻身又碰头。

高帽游街过闹市,夫离子散任东流。

横眉冷对千夫指,仰首不为少爷牛。

身居牛棚读马列,胸怀朝阳观全球。

陕西共产主义劳动大学是胡耀邦来陕任第一书记时,与主管文教的书记舒同商量,以江西共产主义劳动大学为蓝本建设起来的新型学校,在全省设立了几处分校,舒同担任了校长。1967年夏,陕西共大部分学生经过多方努力,以批斗为名,将他藏到渭河滩上的共大周至分校。舒同住在一间上下铺的学生宿舍,坚持生活自理,当时的学生冯都回忆:"(舒同)将身处逆境的痛楚一股脑儿地抛在一边,给聚集在宿舍的同学讲红军、新四军、八路军的战斗故事,津津有味,生动逼真,十分动情,充满着革命的英雄主义和乐观主义精神。听者个个聚精会神,欢欣鼓舞,常常忘记了吃饭和休息。"这种特殊形式的革命传统教育,让共大同学受益终生。许多同学请舒同题字,他也欣然赐墨,有时一天写好几次,篇篇都很认真。能亲眼观看书法大师舒同挥毫泼墨,是情感的交流、莫大的教育,也是艺术的享受。

父子情深

　　舒同、石澜与子女们的家庭，是有着新中国新文化特色的革命家庭。家中父母亲都以党和解放人民的事业为上，又有着对文化艺术的热爱。是父亲的儒家文化修养、母亲的西方基督教文化修养，在民族危亡的凤凰涅槃中，走到中西文化结合，升华成为革命理想而构建的家庭，让孩子们的个性得到尊重，并自立成长。关关爱好文学，崇拜鲁迅，高中毕业后从军；均均喜欢舞蹈，小学没读完就考上北京舞蹈学校；毛毛（舒安）喜欢读书、画画，考入西安美院附中。他们都以革命理想为上，有努力为人民创造新文化的使命感。"文革"风雨骤降，他们先是积极投身革命，继而对现实反思、提出疑问，后来则以"为捍卫毛泽东思想洒最后一滴血"为誓言，对"文革"表达自己的意见，既是受到了家庭的影响，也努力给予父母亲以支持。长子李君桐也从北京来信激励父亲："爸爸，要干下去，这是今后中国的希望。"危难中的舒同，得到家人与子女的安慰和鼓舞，更加坚定了抗争的勇气和信心。

　　"文革"中，舒安前所未有地与父亲舒同朝夕相处，帮他料理生活、抄写材料，还带他去街上看大字报，听他讲过去的故事。一次舒安问父亲觉得自己的书法有什么特点，舒同想了一下回答："我的字是全部藏锋的。"舒安一直能够感受到父亲超人的忍耐与内在的力量，正如同他的书法外柔内刚，全部藏锋。

　　舒安与父母亲一起散步时，父亲总是步履矫健，走得很快。母亲说他不会从容一些，不懂享受生活，总是匆匆忙忙。年过七十的父亲还总喜欢说："我从来不觉得我是个老人。"一天独自散步归来的父亲说，刚刚在环城遇到一只狗对他狂吠不已，而狗主人却在一旁看着偷笑。他一时怒上心头，摸起石头打狗并大喝："我打你这狗仗人势！"狗打跑了，狗主人也悻悻而去。父亲说得大笑，舒安却觉心中悲凉。

1967年8月3日，西安因武斗和夺权陷入无政府状态，已被批斗过无数次的舒同，在西安市体育场召开的大批判会上被五个自称是山东师范学院"冲锋号"造反派的人当众宣布将其揪回山东"算老账"。在全国的一片混乱中，孤身一人被造反派押过去，等待他的将会是什么？然而，这些由不得舒同思考，他也没有权利选择，立即被押上开往山东的火车。

舒安从学校回来，听到许汝洲夫妇急切的讲述，乃自告奋勇要到山东寻找父亲。许汝洲高兴地说："现在只有你去最合适了。"他为舒安找了三份重要材料，一是舒同当年对山东问题的检讨，二是舒同当年写给主席的信，三是邓小平1962年关于平反问题的讲话，并与舒安商定以送衣服为名将材料交给舒同，以便把握尺度，应对山东造反派的批斗。

舒安在济南长大，也熟悉济南，可现在遇到的却是全然不同、充满敌意的环境。但父亲的状况让他忧心如焚，凭着初生牛犊不怕虎的劲头，通过一级级造反组织，找到了被扣押在山东师范学院体育系学生宿舍的父亲。在舒安的坚决要求之下，他终于被准许留宿一夜。这对历经磨难的父子相见时，受到造反派凶神恶煞般的监视。直到午夜以后，舒安才在黑暗中爬下架子床，在学生的鼾声中将材料交给父亲，两人悄声交谈。舒同认为是王效禹在作梗，造反派要他承认当年划王效禹"右倾"是错误的，估计他的不承认还会升级斗争，得想办法让中央知道这里的情况。舒安受父亲委托，第二天又专程去了一趟章丘，请县委书记刘钦鉴作证，为父亲搞了一份"证明材料"，证明当年舒同在章丘任县委书记时，听说下面在搞"包产到户"，曾要求县委发文表示此举须谨慎的情况。舒安还给中共中央办公厅汪东兴写信告知舒同的情况 —— 父亲告诉过他，主席讲过，要给他写信可以寄给汪东兴。

但舒安返回济南后，没有被准许再见到父亲，不得不委托二嫂高光过一段时间再以送衣服为名去看望舒同。9月8日，高光设法将舒安从章丘带回的"证明材料"转交舒同，以证明舒同当时曾反对"包产到户"。9月21日，山东造反派收到时任中央"文革"办公室主任李广文转来中央"文革"的信，要将舒同押回西安。火车经过徐州时，舒同才从造反派口中得知，由于舒同与家人不断将自己在山东的处境多方上书中央进行反映，终于得到李广文发给山东的批示："你的问题，由陕西解决。我们正在说服群众送你回去。过去的老账不再清算。"舒同的申诉材料递交中央"文革"相关部门，纪登奎发话："舒同还是到陕西接受批斗吧，你们山东就不用管了。"舒同回到西安后，称赞儿子舒安的山东之行是"大智大勇"。

身陷囹圄

　　山东师范学院有一批舒同书法爱好者得知舒同被关押在学校，纷纷慕名前来求教。学生李前与五六个舒同书法爱好者相约一起去探望舒同，碰巧看管舒同的红卫兵不在，他们非常顺利地进入地下室。找到门上写有"打倒三反分子舒同"的房间，"舒同"两个字用红墨水打了个叉。他们确认这就是关押舒同的房间，遂轻轻地推开门，"只见一位身材不高，留着板寸头，精神矍铄的老人，正在二百瓦的大灯泡下挥汗书写毛主席的《七律·长征》，用的是写大字报的普通白纸和廉价的大号毛笔，墨汁盛在一个大白碗里"。舒同见人进来，停住了笔，客气地让座，解释："小将们让我写毛主席诗词。"舒同接着书写，龙飞凤舞，字字苍劲，正是李前所熟悉的舒体字，连续写了三张才摞笔。

　　舒同在山东被批斗期间，应学生之请，书写了大量毛泽东诗词，但一律不加题款，也不署名。普通学生前来索字，舒同有求必应。凡是态度蛮横的人，舒同则以种种借口予以推托。

　　在一次批斗会上，造反派要舒同承认将王效禹打成"右派"是错误的。舒同宣称："山东省委当年可能打错了不少右派，但王效禹绝没有打错，王效禹是货真价实的右派。"舒同一言既出，四座皆惊。造反派头目恼羞成怒，对舒同拳打脚踢，舒同几乎站立不住。与会者包括一些红卫兵都佩服舒同的原则性和骨气。

　　正在山东师范学院附中"复课闹革命"的原山东省副省长余修之子鲁勇得知舒同被造反派从西安揪到济南批斗，并住在山东师范学院，

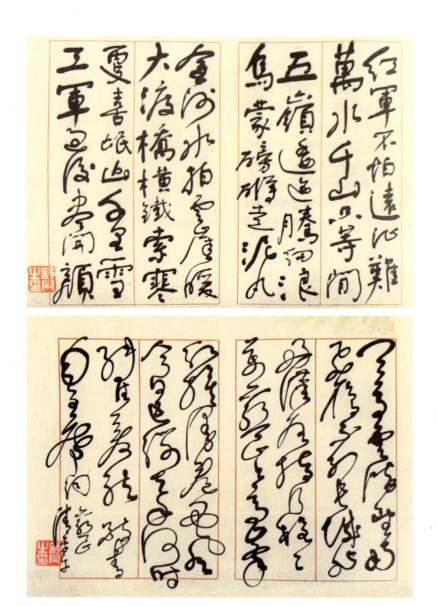

"文革"后，舒安在废报堆中发现的舒同书毛泽东诗词《长征》《清平乐·六盘山》

便到学校打听舒同的下落，并在山东师范学院主楼西北的教学楼二楼东首教室，看到正在接受批斗的舒同。只见舒同站在西墙黑板前，正低着头。"参加批斗的人大多是在'反右''大跃进''反右倾'运动中挨整的省直机关干部。他们先后严厉地向舒同提出质问，舒同稍经考虑后的回答大都很简明，不作长篇解释。因为当年舒同领导全省的这些政治运动，对于每个部委厅局的具体实情大多是听汇报，不可能个个明了，更谈不上有亲身经历了。涉及中央的又不便讲，只能做一般性的答复。听者往往不满意，高呼一阵口号。"舒同并不推卸责任，"承认自己在运动中有主观过激行为，伤害了同志们，这方面的自我批评是舒同回答的主要内容"。舒同被撤职后，山东贯彻执行中央甄别平反精神，绝大多数被整干部已经平反，但回想当年的运动，许多干部余恨未消，仍冤气满腹，怒气冲天，耿耿于怀，情有可原。现在借昔日本单位整自己的人已无一人在场的机会，将所有责任都推到舒同一人身上，也很不公平。绝大多数干部还比较有水平，不再斤斤计较，但也有个别人，咬牙切齿，纠缠起来没完没了。

舒同撰写的"认罪"大字报，贴在主楼前大字报区北墙。鲁勇仔细阅读大字报，"内容包括了许多方面，从字迹上看是他亲笔写的，文字冗长，写得十分潦草，根据这点便可判断即使有仿其书法的人，也写不出这些字的流畅和神韵"。鲁勇称赞："这是一篇舒同的绝笔，由于是横向书写，字形横宽竖短，因下笔收笔甚快，几乎无顿笔痕迹，标点符号颇有意思，尤其是句号，往往画不成圆圈，收笔处拖一小尾巴。"鲁勇后来听父亲余修述说舒同白天贴出大字报，第二天就不翼而飞，被人摘取的事，原来是有心人喜爱舒同书法，敢于冒风险"窃取"。鲁勇当时看到舒同用舒体字撰写的大字报时，爱不释手，也闪过同样的念头，只是胆子太小，后来为此懊悔不已。

八年军管

1967 年 1 月，中共中央、中央军委、国务院和中央文革联合发出《关于"三支两军"的决定》，要求军队"支左、支军、支工、军训、军管"。所谓"军管"，就是将全国各地"文化大革命"中被造反派揪斗过的高级干部集中关押起来，进行专案审查。"陕西省革命委员会监护管理所"对外保密，称为"73 号"，这里原是前国民党高级将领高桂滋公馆，1936 年因西安事变而闻名遐迩，曾是陕西省作家协会所在地，"文革"中竟派上了新用场。"73 号"有前后五处四合院，被隔成七八平方米的小房间，从 1967 年 3 月至 1975 年 4 月，"监管所"先后"监护"55 人，其中有西北局、陕西省委书记及副省长级干部 28 人，省级机关副厅局长级、西安市委书记、副市长级干部 24 人，包括习仲勋、刘澜涛、高克林、王甫、王林、赵伯平、赵守一、李启明、戎子和、白治民、刘刚、陈元方、舒同、严克伦、方仲如、张策、章泽、李登瀛、常黎夫、刘文蔚、张国声、张锋伯、刘庚、陈煦、严志敏、薛焰等。

书七言刻联

1967 年 10 月，舒同从山东被造

反派送回西安，经过陕西省委机关造反派批斗，立即被关进"73号"。舒同的代号是"24号"，高墙、铁栏杆，不准亲属探望，受审者都不称姓名而以代号呼之，外面的世界发生什么，里面全然不知道。每个人都关在自己的小屋里，终日自我反省、学习和撰写交代材料，精神压力之大，比外面有过之而无不及。

　　舒同在"军管所"过着与世隔绝的生活，每天能看到的只有八个版的《人民日报》和窗外守卫的士兵。一天，一位战士从窗口塞进一个包，舒同打开一看，原来是一个苹果。这本是日常生活中极为平常的水果，但舒同已经很长时间没有问津了。年轻战士向舒同介绍自己来自山东，父亲原来是山东省委机关干部，得知儿子正在执行看守舒同的任务，关照儿子要善待舒同。年轻战士经常悄悄给舒同带一些面包、酸奶、水果之类。分配取暖的煤不够烧，战士就暗中背一些过来。年轻战士还转达了请舒同写字的口信：父亲在舒同领导下工作了十多年，总想求舒同写一幅舒体字，过去因舒同工作繁忙，一直开不了口。获悉儿子正在看管舒同，想求舒同赐幅墨宝，以满足其积压已久的心愿。舒同欣然点头同意，战士从窗口递上笔墨和纸张。舒同当即书写了一张条幅，满足了老部下的夙愿。

　　另一位甘肃籍士兵也爱好书法，每次轮到他值班，都要站到窗外，请舒同讲授书法知识，听得津津有味。为了照顾舒同，战士经常帮助他生炉子、补衣服、送零食，送给舒同的饭菜总是多加一点，唯恐舒同吃不饱。舒同也应邀为该战士写了一张"天高云淡"的条幅，以表达谢意。后来，专案组发现"问题"，立即将两位战士调换。舒同被"解放"后，他们还多方打听舒同下落，并致函问好。

　　"军管"的压力来自于政治，专案组对舒同历史上的一些细节穷追不舍，无限上纲，完全不以历史眼光进行客观分析、具体对待，似乎不将他定为"大叛徒"就显示不出工作成绩。而这种认识问题的态度与方法，又是当时大势所趋。舒同据理力争，寸步不让，被专案组说成是"诡辩家""牛皮筋"。

专案组罗列"莫须有"的罪名，抓住舒同所谓"历史问题"不放，逼其承认是"间谍"。大革命失败后，舒同有过一段"文丐"生涯，一度与党组织失去联系，被迫化名舒文藻在国民党中央军校隐蔽下来，继续寻找党组织。后来，在报纸上获悉国民党在江西"剿匪"的消息，立即前去投奔红军。刚到苏区时，肃清"AB团"进入高潮，舒同不敢坦白自己这段难以证明的历史。到延安抢救运动时，曾向胡耀邦报告自己在国民党中央军校的情况，组织上也有过定论。"文化大革命"期间，这段曲折传奇的历史，竟然成了舒同被指为叛徒间谍的"历史问题"。

专案组要他承认叛党、脱党，舒同据理力争，自己是按党的方针潜伏，做的一切都没有违背原则，"就是把牢底坐穿也不承认自己有脱党问题。"

在连续几年的关押中，舒同为了反驳"专案组"罗列的所谓"罪行"，以写"半年总结"的形式，列举大量事实，向"专案组"提出强有力的质疑反证。1969年6月，舒同撰写了《第一个半年总结》，12月28日，又撰写了《我真是阶级敌人吗？——第二个半年总结》，1970年3月11日，又作了《关于第二个半年总结的几点说明》，1970年6月19日，舒同又写了《摆证据，解决主要矛盾——第三个半年总结》。但所有"总结"，均无济于事。

新年贺辞

1971年底，舒同被专案审查，关进"军管所"即将跨入第六个年头。"九一三事件"后，全党开展"批林整风"运动，以揭发林彪反革命集团罪行，但身陷囹圄的舒同对此却一无所知。新年旧岁交替的残冬，面对自己的处境以及党和国家的前途和命运，一向善于容忍的舒同，不觉怒从心来，对专案组的倒行逆施义愤填膺。1971年除夕，他向囚禁他的"军管会"专案组写出《新年贺词》一文，对"四人帮"发出愤怒的声讨！表现出宁死不屈、顶天立地的共产党员气概。

　　献给专案组的新年贺词（阅后请转呈中央）

　　专案组的陷害者们：

　　值此专案审查第六个新年，我向你们致贺。祝贺你们六年来专案审查方面——不，在专门陷害方面取得了伟大成就，表现了你们的天才创造和崇高风格！

　　你们可以完全不要事实根据地，

书鲁迅诗《自题小像》

201

并且翻手是云覆手是雨地，把一个经过四十六年来长期考验的，仅仅在某个时候犯有一般性错误（详见我的历史清算），本质上完全忠于党、忠于革命、忠于伟大领袖毛主席的干部，打成各色各样的反革命。

你们曾经把他打成黑帮！

你们曾经把他打成刘澜涛的狗崽子！

你们曾经把他打成反革命修正主义分子！

你们曾经把他打成二月反革命逆流分子！

你们曾经把他打成现行反革命分子！

你们曾经把他打成三反分子！

你们曾经把他打成反革命窝窝家庭的总后台！

你们曾经把他打成北京一个地下反革命组织的阴谋暴乱者和为首分子！

你们曾经把他打成私藏枪支破坏无产阶级司令部号令的现行罪犯！

你们曾经把他打成刘少奇在华中的黑干将！

你们曾经把他打成刘、邓黑司令部的人！

而今，你们又把他打成大叛徒！

从城市打到乡村，从机关打到基层，从陕西打到山东，又从山东打回陕西（在陕西是独一无二的，在全国也没有听说）。不管出现什么对敌斗争形式，都是同你们蛊惑人心的宣传分不开的。大量的传单、图表、小册子满天飞，到处提供陷害的炮弹，有许多场合还是你们亲自出马，当众扯谎造谣。

你们的本领比秦桧还要高明。秦桧只知讲"莫须有"三个字，而你们更上一层楼，善于颠倒是非，混淆黑白，凭空虚构，捏造陷害。而且陷害的程度是这样深，彻头彻尾，陷害的时间是这样的长，六年有余！

你们的智慧比起旧的商贩来并不逊色，善于掌握市场物价，乘机牟利。什么样的罪名能够把心目中的对方整死，你们立即见机而作，不择手段，先定框框，后找材料，找不到材料也在瞎说一气，直到现在还是这样做的。今年九月六日仍然抛出一个见不得人的阴沟黑货 —— 伪造假证件。

你们的权力有无限大，顺之则生（解放给出路），逆之则亡（不给出路或不解放）。不是先落实材料，决定问题的性质，而是根据所谓的态度问题，来决定对于人的处理。倘若顺从你们的陷害，便认为态度好，即使是敌我问题也可以破坏新党章的规定当作人民内部问题来处理。倘若不顺从你们的陷害，就叫态度不好（或叫态度很差），即使是人民内部矛盾，也可以不顾党的政策，当作敌我矛盾来处理。六年来，你们一直就是把我当作敌我矛盾处理的。使尽了各种对敌斗争的有过之而无不及的一切手段：无奇不有的斗争方式，机关管制，群众专政（专政名单中我是第一名），游街示众（除三次戴高帽子在西安市游街之外还要（一段时间）每天小游街六次），搜查住宅，翻箱倒柜（多次），隔离封锁，跟踪侦哨，监督强迫，打骂，体罚（军管头两年最厉害），乃至种种折磨侮辱。如果按照你们的说法，不顺从专案组陷害，就认为是与专案组对立，而对立就没有好下场。那么，除了上述下场之外，剩下的就只有无期徒刑或终身劳役。最坏的下场莫过于极刑。无怪乎你们有人大声向我恐吓："要把你锁起

书鲁迅诗《无题》20世纪60年代

来送饭吃""把你送法院""要枪毙你",如此,你们就可以称心满意,以为这样一来即可逼使小人们三跪九叩首哀求饶命,乖乖地承认自己是叛徒,岂不妙哉!可是,你们到底凭什么事实,根据哪一条法令,有权利这样胡作非为呢?

你们真不愧为自由王国的人们,可以横行霸道,为所欲为:毛主席的信件可以自由扣压,毛主席的指示可以自由否定,毛主席的方针可以自由篡改;《人民日报》纪念中共五十周年文章中某一段历史结论,可以自由唱反调,铁的历史事实可以自由否定歪曲;活生生的人证物证可以熟视无睹,充耳不闻;客观上本来不存在的东西,可以无中生有。什么实事求是,什么辩证唯物主义和历史唯物主义,什么九大精神,什么九届一中全会、二中全会号召,什么毛泽东思想,什么毛主席无产阶级革命路线方针和政策,你们从来没有放在心里(绝口不谈、背道而驰)。党纪国法,一概踩在脚下。其唯一目的,旨在实现一个伟大的理想——没有真凭实据也要把你打成叛徒,方显出英雄本色(捏造就是英雄事迹),真可谓运用之妙,存乎一心,被审查人能不五体投地？

你们的确是一些了不起的人物，可以毫不夸张地说：造谣能手，陷害专家！

我为你们这种独特的本能和崇高的共产主义风格表示钦佩！并感谢你们六年来对我的深情厚意！

祝你们，在新的一年里，在捏造和陷害事业中，取得新的胜利，创造新奇迹！

舒同

一九七一年十二月三十一日

于军管处

1972 年 12 月 25 日，舒同再次将上年写的《新年贺词》呈上，并在前面加上注释："这个贺词是一九七一年底送给专案组阅并请他们照转。一直到现在还被扣压着，还有其他好几个文件都被扣压。这是我抄存的一份，其他来不及抄。兹呈上。"舒同要求专案组上报的材料，还包括新增的几份交代材料，其中包括《我在参加红军前一段历史的重要证明材料》《我的专案审查真相》以及《九天审问声明》。舒同在后面加上附注："如果你们真的是英雄好汉，就请将这篇东西连同今年所写给你们的另外几篇，一并专呈省委、中央。否则，你们就还不够伟大，就不免有梁上君子之嫌，就有使自己进一步陷入自我暴露的窘境（至今还被扣压）。须知真理是压不倒的。阴影不可能长期蔽天。共产党员只知服从真理，而决不为任何压力所屈服。谣言毕竟还是谣言，捏造不可能成为事实。"舒同强烈要求上呈"专案组、陕西省委并×××同志并请转中央政治局"，最后不忘加上"扣压违法、封锁有罪"四字。

专案人员又拿了一份国民党南京中央军校任职的原始材料，

系从国民党档案中查出，说舒同投考中央军校后，由于"服务勤慎""成绩卓著"，年终考核时受到明令嘉奖。舒同申辩正是为了隐蔽自己，所以工作上伪装积极，以尽可能适应当时环境，以免暴露身份。中央军校予以嘉奖，并提升为少尉，说明隐蔽非常成功，不能证明叛变革命。

专案组还从国民党中央军校的《党军日报》找到舒同于 1930 年撰写的两篇文章，一篇是《继续伟大者的革命精神 —— 为总理逝世五周年纪念而作》，另一篇是《可歌可泣的今日》，作为"叛徒"的"罪证"。其实这两篇文章正说明失去组织关系的舒同，在特殊的环境中，仍然矢志不渝，实乃继续革命的"宣言书"。1973 年 9 月，舒同针锋相对，撰写了《对两篇纪念文章同"专案组"辩论的发言提纲》，指出这两篇文章都是歌颂革命精神的。前者纪念革命先行者孙中山，后者纪念黄花岗烈士，没有说违背原则的话，更能证明，他隐蔽在敌人内部，不但没有背叛革命，而且还以革命精神与理念写文章发表，这正说明他坚守了共产党员的立场，是完全符合党在非常时期对党员的要求的。专案组最终无以应对。

舒同为平绒厂工人魏恒盛写的中堂留有作家贾平凹一九九八年的题款：一九七六年，正值「文化大革命」时期，身居陕西省委书记处书记的舒同，下放于西安平绒厂劳动，为魏恒盛书此中堂，不敢落其名，后藏于箱，被鼠啃之不全。或是人倒霉鼠欺负也，或是虽不署名鼠亦识得名作也，贾平凹记书。

蹉跎岁月

　　舒同被"军管"以后，石澜再次被集中到西安市级机关办的"毛泽东思想学习班"。尽管美其名曰"学习班"，实际上就是个"大牛棚"。1967年年关时节，看到"大牛棚"中有不少亲属前来探视，有的提着衣被包裹，有的送来食物。石澜心中涌起无法压抑的冲动，非得去看一看舒同不可。于是，石澜向"学习班"提出这个要求。"舒同不能接受家属的探视，这是'军管处'的规定。""学习班"的头目一口回绝。石澜仍不死心，据理力争。"现在已到隆冬，舒同还没有棉衣，我得把他的冬衣送去。""学习班"的两个值班人员嘀咕了一下，提出不可思议的条件。"你要去送东西可以，但你走出'学习班'后仍须佩戴'顽固不化走资派'的白袖章！"石澜沉思了一下，表示同意。于是，石澜将衣袖上的白袖章整理了一下，昂首挺胸，甩动双臂，大步走出"学习班"大门。石澜走过北大街，经过钟楼闹市，穿过东大街，从大差市经和平路，到达建国路。一路上，她无视人群投来的嘲笑目光以及吐来的飞沫，但她迈进堆放家物的小屋所在地——雍村大院时，一条写着"打倒大叛徒舒同"的标语，直冲眼帘。她的心颤抖了，匆匆走进属于自家的那间小屋，用钥匙打开门后，扑倒在衣箱上，放声痛哭起来。此时唯有痛哭，才能洗刷蒙受的耻辱与愤怒，也唯有痛哭，才能宣泄对一切不公正的痛恨。

　　住在隔壁的许汝洲一家，听见哭声，迅速赶了过来。女主人董景华双手拥抱石澜，将她拉到自己家。许家正在包饺子，大家患难相见，以无言代替千言万语，默默地继续包着饺子。第一锅饺子煮熟，董景华捞到碗里，端到石澜面前，悄声让她先吃。吃完饺子，石澜回到房间，从衣箱里找出舒同的棉衣、棉鞋，放入网兜。董景华又拿来一个装满饺子的铝饭盒，要她带给舒同吃。石澜走出雍村大院，找到"军管处"，经过门卫盘问，进入接待室。两位"军管"人员接待她，收下送给舒同的衣服，却拒绝转交饺子，说为了防止"中毒"。石澜提出探视舒同的要求，也遭到断然拒绝。从此以后，石澜经常到"军管处"为舒同送换季衣服和被褥，她像是收破烂的老妇，将舒同换下的被里衣服背出来，洗干净后又送回去。石澜一次次要求探视舒同，哪怕不说一句话也行，均被"军管"人员断然拒绝。

1968 年 9 月，石澜又被发配到西安市的终南"五七"干校，连给舒同送衣服的机会也没有了。石澜因为主动交代曾有对江青与中央"文革"怀疑的观点导致被认为"现行"，儿子舒安也因此被打为"现行反革命"进入牛棚。后以"可以教育好子女"为由将舒安发往陕北子长县文化馆工作五年，直至舒同解除"军管"才得以返回西安，又得到学校平反，并肯定他"有一定路线觉悟"，考入西安美院油画系。石澜被作为"现行反革命"立案审查，在"五七"干校，石澜和其他两位女"棚友"被关进真正的牛棚。那原是一个拴骡子的马厩，好在冬天已近，蚊子、苍蝇和蛆虫不多，骡子也已迁居，经过一番打扫后，铺上沙土，安置一张木板床，可赖以安身。

石澜在"五七"干校整整待了三个春夏秋冬，全面系统地参加农业生产劳动、春耕夏锄、秋收冬藏、耕地锄草、找井浇水、割麦收黍、拉肥施肥，什么农活都干过。即使劳动得筋疲力尽，石澜也不能休息，还必须站在地头，接受"地头批判"。

1971 年春天，"五七"干校刮起一股清查"五一六分子"的妖风，石澜还不清楚"五一六分子"是怎么一回事,就被立案审查。召开批判会时,要石澜交代"仰首不为少爷牛"的诗句,责问"少爷"指谁?石澜昂然回复:"指的是违反政策的造反派。"大会戛然而止,接着就是狂呼口号与贴满墙壁的大字报。

九一三事件后,"五七"干校的管制才松弛下来。石澜也"调动"了工作,到渭河边去看守桃园,犹如孙悟空进了蟠桃园。这里原是陕西省共产主义劳动大学优良桃种的试验园,桃子成熟也不上市交易,送给省市有关领导和学员品尝,没有成本回收和盈利问题。石澜与吴敬贤、侯作楫等几个看园老人可以挑熟透的桃子品尝。石澜回忆:"我们都说,在人世上从来没有这么美味的桃子,我们都将成仙了。我们还驯养了一头小狗,它长着黑背黄肚的柔毛,非常乖巧。我每天带着它在渭河边巡逻,看有没有偷桃小贼,同时引颈高歌,它就随着我的歌声跳跃起舞,歌停舞停,我们过了一段神仙似的日子。"

石澜被通知可以到"军管处"探望舒同,被发配到陕北工作的舒安也回到西安,母子俩一同去看望已经五年不见的舒同。"军管"人员态度比以前温和,但告诫不要讲"不该讲"的话,包括林彪事件在内。她回忆:"舒同终于被带进来,他穿着洗得发白的旧衣服,收拾得挺整齐,神态的沉静中还面带一点微笑,只是头发已有一些花白了。而目光中还闪动着自信。他一定已经知道了一点形势的变化,起码从这次见面就可以感觉到这一点,尽管我们当时不能说任何重要的话题和真正想说的话,但我觉得他像一个战胜了死神回到阳间的人 ——他是应该为此而自豪的。"

1973年1月9日,舒同被解除"军事管制",离开建国路73号,与陈元方等一批干部被送往陕西杨梧"五七"干校劳动改造。陈元方在途中感慨万千,赋诗《杨梧道上》:"四野苍苍禾未萌,百里桃柳不见明。莫道长安春来迟，春来风雨满关中。"舒同目睹陈元方宁折不弯的一言一行，深受感动，赠言陈元方互勉："松寒不改容，兰幽香益远。"

舒同有了更多自由，节假日可以回到西安与家人团聚。舒同一个人返回杨梧干校时，坐火车过了站，下车后却不知干校所在方向。他在车站附近向一位老农问路，老农留舒同在家里吃了饭，安排他午休后，嘱咐儿子用自行车将舒同送到干校。老农气愤地说："老干部都是好人，以后会得到解放。"

胡耀邦被"解放"后，住处几乎成为老同志及其子女的联络站。许多人前来向胡耀邦打听"形势"，要求"递送"材料。胡耀邦总是热情地为老干部递送材料，并与年轻人谈古说今，鼓励大家做彻底的"革命派"。

为了让父亲早日得到"解放"，女儿舒均均前去看望刚"复出"的胡耀邦，胡家门庭若市，客厅里人满为患。胡耀邦知道舒均均来了，让大儿媳安黎嘱咐均均等15分钟，待他送走这批客人后，与她单独谈一谈。舒均均看到访问的人太多，也不知道什么时候能够轮上自己，只等了一会儿，就趁安黎送一批客人出门时，不辞而别。

舒均均返回西安后，给胡耀邦写了一封信，内容主要有两点。一方面是问问父亲舒同的情况，看看何时能解放；并对在陕西工作时两人发生的矛盾，代父亲表示歉意。

10月25日，胡耀邦写了一封回信，以解答均均的疑虑。

> 均均：
>
> 还以为仍在北京，可是前往找你，没有想到你回了西安。
>
> 十七日那天，你刚走过不到十五分钟，我送走客人后就去找你。安黎告我，你没有听从她的嘱咐，趁她送客人的时候，也走了。你既然下定决定来找我聊聊，为什么不再下决

心等我一下呢？这该是你以后遇着问题值得记取的一条经验吧。

你把你爸爸和我的关系问题放在心上，这是完全不必要的。

第一，我对你爸爸也有缺点。至于你爸爸方面，我深信他已经汲取了教训。因此，这已经成为过去的事情了。

第二，你爸爸同我的历史关系，主要不是对不起对方的问题，而是对不起毛主席的教导问题。但是，经过"文化大革命"的洗礼，我深信，我们双方都提高了觉悟，这对今后的革命团结和友谊是一个有力的推动力。

第三，即使我们双方之间还不相互了解，这同你们作儿女的，毫无一点牵连。一人犯法，满门有罪，一人得道，鸡犬升天，这是林彪及其死党的逻辑和政策。让我们永远鄙弃这种极其丑恶的封建的法西斯的东西。

我认为，你们这一代青年是最有出息的。我们这一代老了，作不了多少事情了，比你们更年小的下一代，他们没有亲身经历这次文化大革命的大斗争，大世面，知识和经验很难比你们更丰富，更深刻。因此，你们应该是承上启下的一代。你们这一代应该珍视自己的历史地位和作用，加倍学习，加倍动脑子，千万不可被暂时的困难迷失方向，随波逐流！

我不知道你还有哪些问题想同我聊聊。下次来京，欢迎你来我们家详谈。

前几天听说你爸爸的问题基本上弄清楚了，快结案了。不管这消息是否可靠，你们一定要坚信毛主席的政策，坚信党组织对你爸爸会作实事求是的处理。

你妈妈好吧？希望你们好好安慰、鼓励和照顾妈妈。并请你代我向她问好！

还祝你们兄妹互相鼓励，努力上进！

胡叔叔

一九七二年十月二十五日

舒均均收到胡耀邦厚厚的 4 页来信，兴奋得跳了起来，立即给父亲看。舒同仔细看完，沉吟半晌，深有感触地说："写得很好！"

1974 年冬天，舒同终于解除"军管"，下放到西安市平绒厂。当时户口本上的户主是石澜，配偶舒同的职务写的是"工人"，单位即"西安平绒厂"。平绒厂领导以舒同已是 70 岁的老人，当工人也早过了退休年龄为由，将舒同分配到劳动条件较好的车间，从事力所能及的工作。他大部分时间都在抄毛主席语录、写标语和抄大字报。

石澜也离开了终南"五七干校"，被遣回西安，指定到西安市革命委员会科技情报研究所接受"监督劳动"。情报所所长崔崇仁让石澜在情报资料室抄写科技资料目录卡片，既没有重活，也没有监督，并可以不来。特别是在"批邓反击右倾翻案风"的运动中，允许石澜保持沉默，不强制发言。

舒同的专案审查结论遥遥无期，怎么办？舒同看到那么多群众进京上访，就在家里商议是否也去北京上访。长子李君桐建议父亲到中共中央组织部争取作出结论，并通过副总参谋长李达向毛泽东反映舒同的情况，毛泽东批转纪登奎、汪东兴，后经周恩来批准，舒同入住中组部招待所。舒同在舒安陪同下，先后三次赴京申诉，并入住中组部招待所。

陈毅去世时，舒同尚在"军管"中，没有资格去参加追悼会。解除"军管"到北京后获悉陈毅妻子张茜病重住院，连忙赶到医院探

舒同题写的书刊之一斑

望。此时张茜已病入膏肓，奄奄一息。张茜躺在病榻上，拉着舒同的手，泣不成声。舒同心如刀绞，无言以对。

后来，陈毅之子陈昊苏托王如珍请舒同书写陈毅《示儿女》诗。舒同抄写陈毅的诗寄托哀思并自勉："立誓有五字：奋斗与君同。"

邓小平第二次被打倒后，胡耀邦也跟着再次被打倒。舒同由女儿陪同，到协和医院看望卧病在床的胡耀邦。舒同一走进病房，胡耀邦就远远伸出了手。舒同快步上前，两个老朋友的手紧紧地握在一起。胡耀邦笑着说："我现在又被打倒了。"舒同也笑着安慰："没有关系，会好起来的。"历尽劫波兄弟在，相逢一笑泯恩仇。"文化大革命"结束后，胡耀邦出任中央组织部部长，为舒同的专案审查平反，安排舒同到中央党校学习。1977年秋，舒同顺利进入中央党校，开始了新的生活。胡耀邦为大批老干部平反，在他的主持下，舒同在山东的处分也终于得以撤销。舒安感慨：在他们身上看到了共产党人的新君子人格，不计个人恩怨、以党的利益为上的品质。

1977年9月14日，中共中央组织部通知舒同任陕西省革命委员会委员、常委、副主任。由于"文化大革命"的种种谬论没有得到拨乱反正，舒同并没有去担任"副主任"的职务，而是继续在中央党校学习。石澜仍居住在西安的两间土坯房，等待着黎明的到来。舒同来信表示要继续发扬党的艰苦朴素的光荣传统和优良作风，保持共产党的本色，也勉励石澜振奋精神，注意身体健康，注重科技工作，以迎接即将召开的全国科技大会。

北京来信

在中央党校学习的舒同心境很好，不时有家书寄往西安。

　　石澜：

　　十月一日来后，给我敲响了警钟，在现在的情况下，这是非常必要的。华主席和党中央一再强调恢复和发扬党的优良传统和作风，不但要保持"文化大革命"以来所已经习惯了的那些好东西，而且要念念不忘延安时期和长征途中那种艰苦朴素的生活条件，我决不至于因为情况改变了，而抛弃这些优良传统。当然在我写给你的几封信中反映了三〇一医院和党校的环境条件，使你有这种联想，那是很自然的，特别是我没有注意警惕这方面，反而表示欣赏，使你感到不是滋味，这是值得我今后注意的。

　　中央现在十分重视科技工作，认为是四个现代化的先行，因此，你们的工作一定很紧张，而且还要准备明春全国的科技大会，正是因为这样，所以必须注意劳逸结合，否则不能持久，尤其因为你有心脏病，要适当节制！

　　祝你顺利！

舒同

77.10.3.

于中央党校

舒同在写给石澜的信中，谈到在党校的学习，喜悦之情跃然纸上。

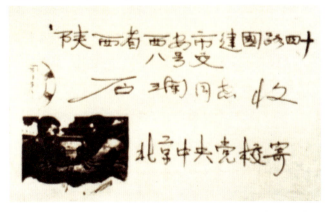

1977年，舒同在中央党校写给石澜的家书

　　石澜：

　　最近党校学习计划安排得很紧，要求很高也很严，自学为主，结合必要的辅导。集中精力攻读马恩列斯和毛主席原著，力求完整地、准确地领会和掌握马列主义的基本

原理。总计划规定要读的原著有一百多万字，还有很多辅导材料，除本校哲学教研室的一些专家辅导，还请外面那些有专门学识的人来主讲，如钱学森讲自然科学，胡乔木讲哲学，许涤新、薛暮桥等讲经济学。此外，每周要阅读党内各方面文件，小组讨论会、党内生活会以及漫谈座谈作笔记，写心得等等。由于我的听力很差，辅导时有许多听不清或听不懂，只好事后拿别人的笔记来参阅，或者照抄一遍。最近几次小组讨论会，都指定我作中心发言，这就不得不格外加点，以致晚上总要搞到十一点多钟才能睡觉，五点左右就起床，睡眠时间很少。现在又在准备总结两个月来的学习经验和心得，还要对学习马列原著作一次专题发言，大家都感到吃力，有时连报纸参考都来不及看，更谈不上到校外去活动。十一年来，从未过着如此严峻的集体学习和组织生活，许多过去尚未弄清楚的问题，这次基本上搞清楚了，收获决不可以低估。因此，我觉得这次来党校学习是完全必要的，也是非常及时的。尽管如此紧张，但人们的心情都是非常舒畅的，特别是高级学习班的老干部均有同感。我虽然年迈，决不放松学习，一定要紧紧跟上，经受这次新的考验，所幸身体健康如常，没有发生什么值得注意的问题，顺告

祝你们好！

舒同

77.11.22.

于党校

舒同在中央党校向邓小平写信，要求回部队工作。1978年8月，

舒同从中央党校结业，经华国锋主席批准，中央军委任命舒同为中国人民解放军军事科学院副院长（大军区正职），并兼军委军战史编辑室主任。舒同又穿上了脱下几十年的军装，开始了20世纪80年代新的长征。舒同坚持以马列主义、毛泽东思想为指导，坚持党的实事求是思想路线，认真贯彻军委军事科研方针，为军事科研的繁荣和发展特别是中国人民解放军军战史的研究编写工作倾注了大量心血，做出了积极贡献。该战史于1987年作为纪念中国人民解放军建军60周年的献礼出版，是1949年以来战史研究工作的重要成果。战史引用大量过去未披露过的资料，对我军历史上若干重大事件和有争议的问题进行了认真考证，成为我军有一定权威的第一部战史。舒同一生在军队工作时间最长，晚年还为战史的编写倾注了心血，堪称"军中一支笔"。但他又终生未曾受衔，是一名服役终生的老"兵"。

1979年3月，鲁勇带着父亲余修的信函到军事科学院找舒同。舒同一个人住在军事科学院，虽然有专门的厨师，但饭菜做得较为粗糙，鲁勇觉得对于一个70多岁的老人而言，生活过于简单，担心影响舒同健康。但舒同似乎并不在意，坦然处之。鲁勇呈上自己抄好的舒同自撰《元旦颂》，表示自己特别喜欢这首

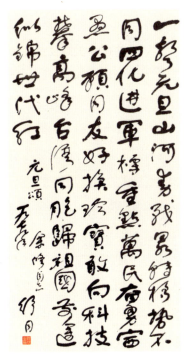

书自作诗《元旦颂》1979 年

"文革"结束后，舒同全家在北京登上长城

诗，希望舒伯伯能写一幅相赠。舒同慨然应诺，并解释最近比较忙，待写好后再给鲁勇寄过去。

两个月后，鲁勇就收到了舒同寄来的五幅字。鲁勇回忆："其中用'文革'前父亲买的红地洒金蜡笺纸写的毛主席《西江月·娄山关》气势磅礴。"书写的自作诗《元旦颂》"一声元旦山河颂，战略转移势不同；四化进军标重点，万民奋勇赛愚公。愿同友好换珍宝，敢向科技攀高峰；台湾同胞归祖国，前途似锦世代红"，以书法艺术的形式，记录共和国经历十年浩劫和拨乱反正以后，党中央由原来的阶级斗争为纲迅速转移到经济建设为重点的大好形势，成为舒同晚年力作中的上乘。

舒同在军事科学院的工作一直很忙，每隔一个时期必须到解放军总院例行检查，这就成为舒同既可检查身体，又能写字休息的好机会。所以，舒同每逢检查身体，都随身带上笔墨纸砚。有次在病房会客室聚精会神地写字，正在住院的聂荣臻元帅过来看望舒同，走到门口，见舒同写意正浓，示意身边的人不要打扰惊动。舒同始终没有发现聂荣臻在身后仔细看着自己写字又悄悄离去，其认真投入可想而知。舒同的司机老衡和走廊里聚集的人看着40多年前共同开辟和创建晋察冀抗日根据地的聂荣臻司令员和他的政治部主任之间的深厚情谊，感佩不已。

天长地久

1979 年 10 月 23 日，中共中央批复中共陕西省委《关于舒同同志结论的复查报告》："予以彻底平反，推倒一切诬蔑不实之词，恢复名誉。"1981 年 6 月 19 日，山东省委以鲁普发〔81〕16 号文件发出通知称得到中央批准，"中央同意中共山东省委 1981 年 4 月 13 日《关于舒同同志所受处分的复议情况和处理意见的报告》，撤销 1960 年给予舒同同志撤销山东省委第一书记职务的处分。"经过复议认为："舒同同志在山东工作期间，在执行农村工作政策和民主集中制原则等方面，是有错误的。但是，舒同同志的错误，特别是刮五风的错误，是在'左'的错误影响下发生的，是工作中的问题，执行的问题，不应过于追究个人责任。"因此，报告建议中央撤销原给舒同撤销山东省委第一书记职务的处分，这也是十一届三中全会以来平反的党内长达 20 年之久的冤假错案之一。

1978 年 5 月，全国开展"实践是检验真理的唯一标准"大讨论，石澜也终于恢复了已中断了 12 年的党组织生活，以一位共产党员的身份，跨进西安市委党校参加大讨论。十一届五中全会为全国最大的冤案——国家主席刘少奇的冤案平反，清洗了石澜在"文化大革命"中为刘少奇"鸣冤叫屈"的最后一道"罪状"。1980 年 5 月，以陈元方为书记的西安市委发布〔1980〕113 号文件，做出为石澜同志彻底平反的决定，认为："市委在 1966 年、1971 年、1976 年和 1978 年对石澜同志的审查、结论和处分都是错误的，应一律撤销，为石澜同志彻底平反，恢复名誉，推倒一切诬蔑不实之词，有关材料予以清理销毁。"
石澜于5月15日深夜写了《意见书》，连同《平反决定》一起存入档
案。石澜在《意见书》的最后写道：

> 我尽管受了各种折磨，毕竟还没有像某些烈士那样被处
> 以极刑而能活到今天。如今当历史已为我作了见证，全国最
> 大的冤案已得到平反之时，我个人又有何求呢！但愿，历史的
> 错误不要重犯，这是我最高的愿望。至于我自己则应当永远
> 保持《平反决定》给我的评价：永远保持共产党员的高尚品
> 德，做一个真正的共产党员。

石澜努力工作，力图将"文革"耽误的时间补回来，在西安科技战
线做了大量组织领导工作，却不期在1983年得到陕西省人民法院发来
的舒同因感情破裂要求离婚的通知。

共同生活了40年，经历多少枪林弹雨、苦难磨劫，养育了三儿一
女，同为党的高级干部的夫妇二人，却在"文革"的风雨撞击下形成
了情感裂痕。因为性格差异，又有巨大精神压力，导致生活政治化，互
不相融，竟一步步走向情感破裂，难以弥合。小儿子舒安帮母亲写了
父母亲"四十年革命生涯建立的感情没有破裂"的申诉书，却未能与
在京的哥哥姐姐达成共识，没能采取调解矛盾的有效措施。适逢新婚
姻法公布，规定一方坚持离婚的可以判处离婚。陕西省法院调解无效，
准予离婚。石澜在离婚判决书上写了八个字："获罪于天，无所祷也。"

与父母亲共同生活时间最长的小儿子舒安，最终给父母亲那一代
革命者作结：

> 他们都是为革命献身，以"为人民服务"为己任，而不惜
> 牺牲一切的新君子人格。回顾父母亲最终离异的莫大遗憾，
> 又似乎有无可奈何之处。父母都以党的事业至上的理念相

对，母亲看到因"文革"造成的偏颇与误会导致自己错误地写匿名信上告，父亲看到转给他的信而震怒，认定情感已破裂，要求离婚，个性倔强的她也不愿再去要求什么，只愿自己吞下这颗苦果，把个人恩怨抛诸一旁，更多寄情为党工作，挽回"文革"造成的损失。

而几年以后，当七十岁的母亲从工作岗位上退休之后，渐渐反思往事，十分怀念以往的共同岁月与真挚情谊。而此时，父亲已经人介绍，于1984年与原新四军战士王云飞结婚。1986年父亲回西安征集书法作品筹备书展时，王云飞请母亲去相聚，母亲带着孙子舒晚去了。大家高兴地聊天、散步、拍照，相当融洽。王阿姨并表示希望母亲去北京帮助梳理父亲过去的经历写个大纲，母亲也欣然同意。但1992年母亲去北京看望时，父亲已进入中风后的弥留之际，躺在沙发上说不出话了。见到母亲，听她一声声呼唤，甚至流下泪来……母亲不由悲从中来，当时就发下心愿，要以余年写一部回忆录，将他们共同的四十年革命生涯付诸文字，留下宝贵的革命历史文化，要让父亲在书里重新站立起来！

母亲帮王阿姨完成了回忆往事的纲要，回到西安待了四年时间，伏案而书，数易其稿。我与出版社编辑何大凡也认真帮她理清思路，提升认知，终于在1997年完成了二十万字的回忆录《我与舒同四十年》，由陕西人民出版社出版，后来还获得出版社的优秀作品奖。母亲在书中深情回顾了她与父亲波澜壮阔的人生风浪，讴歌了与那一代伟人、英雄、领袖、人民共同经历的悲壮往事，最后也深深自责并反省自己晚年与父亲分手的遗憾。

1986 年, 舒同在西安芷园与石澜及孙子
舒晚合影

舒同卧病期间, 王云飞陪同石澜前去探望

　　父亲去世后, 母亲更常常向人们说起美好的往事。2003
年她在父亲的故乡江西东乡, 与二儿子关关路方夫妇共同生
活, 看到《辞海》上有关父亲的辞条中少写了以往经历中很
多重要内容时, 又不能自已地提笔而书, 写了一封给《辞海》
编辑部的二万字长信 ——《替 "从不炫耀自己的人" 说几
句话》, 历数很多历史事实被遗漏需要补充。信寄去后得到
编辑部的回复, 表示 "将在再版时改正"。而母亲此后不久
与关关同时被发现患有胰腺癌晚期。关关不幸于 2005 年病
逝东乡, 母亲由我和妻子任萍自上海接回西安治疗。在最后
的日子里, 她常常轻声吟唱着抗日歌曲, 向来访者讲述过去
的故事。有一次还对我欣慰地说: "昨天晚上我梦见你父亲
了……" 2006 年初, 我去北京参加纪念舒同诞辰 100 周年活
动, 返回西安, 母亲在见到我后的第二天就溘然逝去了。人
们说, 她是等着见到儿子参加活动回来后才走的呀!

　　母亲写的回忆录与《替 "从不炫耀自己的人" 说几句话》
成为了一生的绝笔, 成为她与父亲共同革命生涯的最后回顾,
也为他们之间真正的为追求革命理想而构建的人生追求与情

科学社会主义研究

中共党史资料

电视连续节目
话说长江

源远流长 巨川之源
金沙的江 四川盆地
岷江秀色 成都漫步
峨眉凌云 大足石刻
从宜宾到重庆
荆江两岸 壮丽的三峡

长江第一坝 荆州览古
洞庭天下水 岳阳天下楼
从武赤壁到文赤壁
庐山独秀 瓷都景德镇
佛教圣地九华山
万红滴翠话黄山
古城南京 扬州漫话
镇江三山 太湖平原
黄浦江畔 走向大海

1997 年，夏征农、方尼与石澜、舒关关在首届舒同书法艺术节活动的石澜专著《我与舒同四十年》首发式上

感付出作了美好的总结与守望。母亲与父亲在精神与情感上的深深联系不仅是婚姻生活的四十年，而且是直到他们生命结束的总共六十一年。那是超越了世俗的恩怨、是非、名分、地位，只余真善美和大爱的至高境界长留天地。

第十七章 | 春风又渡

五十多年时间收集整理、十年时间编写完成，最终出版的《舒同书法字汇》收录了上万个舒体字和几百幅舒同墨迹。从二十世纪五十年代开始，舒体书法在中国广泛应用，影响了许多热爱书法的人，特别是在舒同的家乡，他们把临摹、学习、弘扬舒体书法当作家乡人的骄傲。

文艺复苏

　　1980 年，经过史无前例的十年浩劫以后，文学艺术界也与全国各界一样迎来复苏的春天。江苏、宁夏、河南、山东等省的书法家协会以及陕西、辽宁、吉林、黑龙江、江西、内蒙古、甘肃等省的书法研究会相继成立，北京、广东、上海也已成立了书法篆刻研究会，它们属于官方或半官方的专业性团体，均由当地党政部门支持、领导具体参与组建，举行有关展览、讲座、交流等活动。舒同豪情满怀，为祖国大地春天的到来赋诗赞赏。

迎　春

八十年代第一春，百花园内草木青。

三年调整航程稳，四化宏图面貌新。

大战危机多动乱，同心反霸保和平。

安定团结孚众望，神州一统顺人心。

　　为了结束"各自为政"的局面，更好地弘扬中华民族的传统艺

题泰山索道刻诗

题济南千佛山唐槐亭

术，成立一个能领导书法界，领导、统帅、协调地方书协组织和活动的全国性组织 —— 中国书法家协会的时机已经成熟。几位发起人起初请张爱萍将军出任中国书法家协会主席，张爱萍在军事上是功勋卓著的名将，在艺术上也是颇有造诣的书法高手。他收到热情洋溢的邀请信后表示赞成成立中国书法家协会，但婉言谢绝出任中国书法家协会主席，并给发起人写了一封很长的信，推荐舒同担任中国书法家协会主席。

中国文联作出筹建书协的决定之前，社会上已有几批人在从事筹备活动，并通过各种渠道要求舒同在发起书上签名。舒同发表公开声明，表示支持建立书协组织，但应在文艺界组织的领导下进行。

中国文联决定建立书协之后，负责创建工作的佟韦奉命到医院探望舒同，并说明请舒同主持中国书协的筹备工作。舒同起初也是一口回绝。当佟韦递上中国文联的公函，详细地介绍了中国文联党组的意图后，舒同改变了态度。佟韦回忆："当时他还是中国人民解放军军事科学院副院长，正根据中央军委的指派，负责编写《中国人民解放军战史》的繁重工作。这和书法家协会的任务是风马牛不相及的。对于一位年逾古稀的老人来讲，这两副担子一齐压在肩上，实在是太沉重了。但他还是像当年拯救中华民族于危难之中而毅然从戎一样，为了振兴书法艺术，为推进两个文明建设，繁荣中外文化交流事业而奋斗作出了努力。"舒同富有感情地说："我是军人，军人惯于听从号令。我相信的是组织，组织上要我干什么，我就干什么。"于是，舒同开始主持书协筹备委员会的工作。筹备委员会第一次会议，即在军事科学院舒同家里举行。

1980 年，舒同率领由中国文学艺术家联合会派出的中国书法代表团一行六人，应全日本书道联盟和日中文化交流协会的邀请，赴日

舒同在军科院程家花园家中

本作了为期十天的访问，目的在于了解日本书坛现状，与日本书坛同仁进行交流，筹组中国书法家协会。11月18日，舒同一行乘917航班到达东京成田机场，受到全日本书道联盟事务局局长饭岛春敬和日中文化交流协会事务局副局长村岗久平等人的迎接，数十名日本友人举着"欢迎中国书法家代表团"的大字横幅表示欢迎，并献上鲜花，洒落满地花瓣。这是改革开放以来首次中日书法交流盛会，揭开了中日书法交流的新篇章。

11月19日上午，舒同到皇居前合影，参观上野东京国立博物馆的东洋馆，鉴赏展出的和中国有关的书籍，非常强烈地感受到展览方法的优秀及内容的丰富。下午，舒同拜会日本文部大臣田中龙夫，表达了今后发展中日书法交流的愿望，还到自民党总部拜会樱内义雄干事长，又到饭岛家访问，鉴赏了饭岛先生收藏的砚台和法帖，并预祝日本书法界将有更大的发展。

11月20日上午，舒同参观东京都美术馆，特别参观了书法部分，对当下日本书法的盛大和多样性感到吃惊。"我们的印象是笔势磅礴，各种流派相互争辉，占大多数的字不仅写得好，而且用墨也很讲究。"

下午，舒同参加东京都特别安排的中日书法家交流笔会，舒同、朱丹、陈叔亮、赖少其与饭岛春敬、上条信山、殿村兰田、梅原清山等中日书坛泰斗一起临池挥翰，盛况空前。饭岛春敬以"龙"字开

1980 年，舒同率中国书法家代表团访日盛况

笔，揭开交流笔会序幕。舒同胸有成竹，饱蘸浓墨，轻舒手臂，用篆隶楷行四种书体开笔，书写"一衣带水，书道同文，中日友谊，万古长青"16 个大字。舒同精湛的书艺，博得在场中日书法家一致赞叹。陪同舒同出访的佟韦回忆："我为了保险，特意在一旁伺候笔墨，每写一字都轻声提醒舒老一下，以防止出现笔误。但到最后，我竟然把

1965 年，题李白诗（西安兴庆公园纪念日本派遣唐使阿倍仲麻吕碑）

'友谊'提醒为'友好'了。而舒同老却不为所动，仍然写的是'友谊'。当我发现自己的错误之后，心里非常惭愧，但我却从中进一步发现，舒老创作时的精力惊人的集中。"舒同在讲话中，尤其是回答日本记者的提问时，对日本侵略中国的罪行从不回避，用以警示后人，珍视友谊。舒同解释："我讲的是真话，好朋友不会愿意听假话的。"舒同爱憎分明的言行，赢得日本朋友的敬佩。中日书法家在东京举行书会实属首创，引起日本众多媒体报道。作为友好文化使者的舒同，此行更实践了当年作为抗日宿将的他在被称为中日关系史上的备忘录的《致东根清一郎书》中所说"中日两大民族，屹立于东亚，互助则共存共荣，相攻则两败俱伤"的至理名言。

11 月 27 日，舒同一行顺利回国。顺利完成接待舒同一行的饭岛春敬发表肺腑之言："相隔 17 年的访日，我们不能粗心对待。"饭岛春敬衷心祝愿中国书法家协会早日诞生。舒同一行收获颇丰，深感振兴中国书法的责任重大，而当务之急就是成立全国性书法组织 —— 中国书法家协会。舒同成了中日书法交流事业的主要开拓者。

成立书协

舒同访日回国后，在中国书法家协会筹备委员会的积极工作以及全国各地书法组织的努力配合和支持下，1981年5月5日至5月9日，于北京人民大会堂召开了中国书法家协会第一次代表大会。全体代表听取了中宣部副部长、中国文联主席周扬在大会开幕式上的讲话，受到很大的教育和鼓舞。

5月6日，舒同作了《团结起来，继承和发扬我国书法艺术传统，为人民服务》的报告，要求："全国各族一切书法家、篆刻家们，团结一致，同心同德，在中国共产党领导下，努力学习马列主义、毛泽东思想，坚决贯彻执行'百花齐放，百家争鸣'的方针，继承和发扬我国的书法艺术传统，进行创造性的书法实践，收集整理书法艺术遗产，开展理论研究，努力普及与提高，扩大国内外艺术交流，为提高全民族的文化艺术水平，发展高尚的丰富多彩的文化生活，建设高度的社会主义精神文明而奋斗。"

大会选举舒同为第一届中国书法家协会主席，赵朴初、沙孟海、启功、周而复、林林、朱丹、陈叔亮为副主席。舒同高兴地

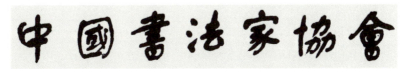

题"中国书法家协会"

1982年，中国书法家协会成立，舒同当选第一届书协主席

说："如果毛主席知道我们终于把全国各地不同流派的书法家团结到了一起，不知道会有多高兴哟！"中国书协的成立，使中国书法有了中央一级的机构，结束了书法家长期以来"无家可归"的局面。舒同豪情满怀，为大会题词"鹏程万里"，表达了对书协成立的喜悦之情与高度期望。

中国书协成立以后，全国书法艺术活动热潮涌动。各地书协纷纷成立。1982年5月在成都召开第二次理事会，舒同作《书法艺术要为建设社会主义精神文明作出贡献》的讲话，并热情洋溢地给大会送了一幅四尺全开的贺词，挂在楼上的会议室，非常醒目。晚上工作人员没有收起，第二天竟不翼而飞，追查半天也不知下落。但舒同却没有一句责备的话，认为可能是爱好书法艺术的同志收藏起来，不必追究。

1982年6月19日，中国文联四届二次会议在北京召开，增选朱穆之、吴冷西、舒同、胡风等九人为中国文联全国委员会委员，

9月，舒同当选为中共十二届中央顾问委员会委员。鉴于舒同年事已高，并已退出第一线工作，中央顾问委员会特意嘱咐舒同主要抓好中国书法家协会的工作即可。

1983年3月28日，为了纪念《中日和平友好条约》签订5周年，舒同主持由中国书协、中国文联和全日本书道联盟、日中文化交流协会联合举办的中日书法艺术交流展览。

5月9日至15日，中国书协一届三次理事会在郑州举行，舒同、陈叔亮、佟韦以及各地理事98人参加了会议。会议通过了舒同所作的《回顾历史，展望未来，努力开创书法事业新局面》的报告。

1983年9月19日，舒同亲自给中央顾问委员会写了一份《关于中国书法家协会工作情况和建议》，就书法这一古老艺术品种进一步焕发青春，更好地为建设社会主义的精神文明服务，为四个现代化服务阐述了自己的心得。

第一届中国书协秘书长佟韦与舒同见面时，舒同诉苦："我可是遇到困难了；原来的工作没减下来，又增加了这么多写字的任务……当然，写字也是为人民服务，可我的本职工作得先完成啊！我老了，吃不消了。"舒同的办公室挂满一幅幅刚写完的字，上面还夹着求字者的信，琳琅满目，令人陶醉。桌子上也是各地求字者的信，以及大包和小包的宣纸，堆得像一个小山包。舒同指着这些小山包，调侃说："我是没有还清债务的日子了！"佟韦建议舒同写一部字帖出版，问题就迎刃而解了。舒同却犹豫起来："中国有那么多著名的书法家，我不一定比他们强多少。先出我的字帖，恐怕不好。"佟韦历数已经出版字帖的当代书法家，以打消舒同的顾虑。舒同与佟韦约定1982年春天利用开会和休养之便，躲起来写字帖，争取秋天交稿。舒同在大连利用空闲时间，完成楷、行和草三种字帖。到了秋天，佟韦如期收到舒同秘书周硕寰寄来的信和字帖，如收到无价珍宝，感到分量极重。

佟韦翻看舒同撰写的字帖，结体宽博端庄，巧拙互用，厚重古朴，大气磅礴。字帖书写的内容主要是毛泽东诗词，读起来极为流畅。难能可贵的是，舒同的字紧随潮流，锐意创新，字字洋溢着强烈的时代气息。读着毛泽东诗词，看着舒同的字，令人奋发向上，

1980 年，舒同率中国书法家代表团访日

昂扬自豪。1983年，中国文联出版公司出版舒同的楷、行、草三大部《舒同字帖》，分别由李先念、叶剑英、方毅题写书名，内容丰富，形式各异，书体多姿，成为书法家和书法爱好者观赏、研究舒体字的精彩范本，也是对我国书法的一大贡献。

字帖前言中关于"舒同书法被称为'七分半体'"的说法，舒同后来赠书给舒安时专门勾去了，并告知舒安，书界认为他的书法融合了"七分半"的内涵，但自成一体，还是称"舒体"为妥。而"七分半体"可算他综合各体的一种特别的尝试。

1984年4月，应日本文化交流协会和全日本书道联盟邀请，舒同以79岁高龄再次率中国书法代表团访问日本。舒同一行6人在日本东京、镰仓、日光、名古屋等地进行了为期8天的访问，两国书法家互相切磋书艺、交流学术，为增进中日友谊和发展文化交流做出新的贡献。

舒同两次出访日本，加深了中日书法家的友谊，其意义远远超出了书法的范围。舒同担任书协主席以来，与全日本书道联盟理事长饭岛春敬来往较多。舒同两次出访日本，都成了饭岛家里的贵客，饭岛多次出访中国，舒同也盛情款待，时间一长，两人的友谊日趋深厚，也深深地触动了饭岛的儿子饭岛太久磨。舒同到家里做客时，饭岛太久磨认舒同做"北京爸爸"，并当众向大家宣布："我有两个爸爸，都是书法界老人。一个是东京爸爸，一个是北京爸爸，希望北京爸爸今天到儿子家里，为友谊干杯！"饭岛太久磨的话简单明了，热情友好，博得满堂喝彩。舒同离开东京时，饭岛太久磨特地赶来送行，他紧紧地握住舒同的手，欢迎"北京爸爸"再次光临东京。舒同不仅为开拓中国书坛建立了殊勋，也为开拓国际书法交流奠定了基础。

1985年4月22日至29日，中国书法家协会第二次代表大会在北京召开，年届80的舒同抛出一封掷地有声的"辞职书"，提出自己年事已高，不宜再担任书协主席之职，为了书法事业的健康发展，建议推选更适宜的人担任主席。舒同在信中写道："如果大会仍把我选为主席候选人，那纯粹是形式主义。"他推荐启功先生接班，并说他还年轻，以后可以做些事。

1991年12月，中国书法家协会召开第三次代表大会时，仍担任名誉主席的舒同出于对书法事业的关爱，再次致函大会，呼吁大会团结奋进，为繁荣书法事业而不断努力。舒同语重心长地说："我希望年轻的同志们、年轻的书法家们，能够真正地立志做书法家，而不是单单做书法活动家，面壁十年，争取写出一二幅传世之作，这样才能对得起自己，更对得起祖宗。"

1981 年，题中国书法家第一次代表大会"鹏程万里"

故乡情怀

舒同退出书协，任名誉主席以后，化为春泥护花，仍然关心书法事业的发展，坚持不懈地进行书法创作。1985年10月9日，江西省东乡县委书记吴国辉和万怀德、徐顺喜、梁腾渊等人到北京程家花园看望舒同，代表家乡党组织和全县人民向舒同表示慰问，并祝贺他80岁诞辰："一是祝寿，二是趁舒老还健在，建立舒同书法陈列室，发扬光大舒体书法艺术，教育后一代。"万怀德就舒同陈列室有关情况向舒同作了汇报："舒老十几、二十几岁时写的'杖国延年'等手迹都找到了。新中国成立后，舒老在山东、陕西、杭州、抚州等地的题词也拍了照片。现在就是缺一些手书稿，并请舒老为陈列室题写大幅的岳飞《满江红》。"舒同盛情难却，爽快地答应第二天就书写《满江红》。

10月12日上午10时，吴国辉一行又来到舒同寓所，一套《满江红》已挂在墙上。舒同对着字端详和琢磨，并询问吴国

1985年4月22日至29日，中国书法家协会第二次会员代表大会在北京召开。舒同（左四）在大会作《普及教育，繁荣创作，把当代书法艺术提高到一个新的水平》报告。习仲勋（左三）、宋任穷（左二）、乔石（左一）等中央领导同志到会讲话并代表中央书记处向大会祝贺

辉对这套重写字的意见。吴国辉恭恭敬敬地回答："舒老的字早已到了炉火纯青的程度，这幅《满江红》连底稿已写了三遍，更是锦上添花。"在场的人也异口同声地予以称赞。舒同摇了摇头，仍然不满意地说："这套字，只能说比昨天的那套字有进步，还不能说好极了。书法艺术是无止境的，它有攀不完的高峰呀！"舒同听说东乡王安石故里正在整修，又题写"十一世纪改革家 —— 王安石故里上池村"门楼牌，并诗兴大发，随手拿起笔，题写了一首热情洋溢的诗：

> 聚会燕京菊花黄，乡音一曲情意长。
>
> 欣闻故里换新貌，再展宏图谱华章。
>
> 感谢家乡党和人民对我的看望。

舒同

一九八五年十月

吴国辉得到舒同的许多珍贵书作后，仍不满足，还希望得到一些舒同现存的手迹。王云飞解释说："舒老从陕西到北京，没有带来任何留存的手迹，都是写了就被拿走了。"王云飞建议东乡方面组织一定力量到全国各地收集。

吴国辉特别强调："舒同书法院由我挂帅建成，不把这件事办好，就对不起家乡人民！对不起舒老！"

王云飞为吴国辉的执着所感动，和颜悦色地说："舒老的手迹，过去的没有，等我到楼上的寝室里找找，看看还有没有最近写的 —— 人家没有拿走的、写错了的、重写的手稿，一定让你带走。"王云飞先后三次到楼上寻找，抱下一大沓又一大沓，总共拿出《咏梅》《长征》等91件舒同近几年的书作稿。

怒髮衝冠憑闌處瀟瀟
雨歇抬望眼仰天長嘯
壯懷激烈
三十功名塵與土八千
里路雲和月莫等閒白
了少年頭空悲切
靖康恥猶未雪臣子恨
何時滅駕長車踏破賀
蘭山缺
壯志飢餐胡虜肉笑談
渴飲匈奴血待從頭收
拾舊山河朝天闕
右書岳飛滿江紅詞一首
一九八六年仲春時年八十

为东乡舒同博物馆书岳飞《满江红·怒发冲冠》1986 年

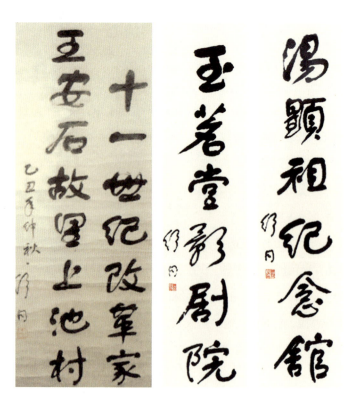

玉安石故里上池村
十一世纪改革家
乙丑年仲秋·舒同

玉茗堂新剧院

汤显祖纪念馆

题抚州汤显祖纪念馆、玉茗堂新剧院、王安石故里

舒体字模

1986 年，在各界的强烈要求与推动下，舒同在中国革命博物馆举行了唯一的一次书法展，并巡展到山东、上海、福州，再次掀起人们对舒体书法的又一次热烈关注。

上海字模厂在这热烈的气氛中提出为舒同独具个性又极富时代特色的书法做字模。1989 年 10 月，舒同在上海举行巡回书展时，上海字模一厂副厂长王都宇与字模工周今才专程到衡山饭店请舒同写舒体字模。舒同因年事已高，当即推荐身边的孙志皓操作。孙志皓是原山东省人大办公厅主任，解放战争时期就在胶东与舒同的接触中进行过书法请教，并提出拜舒同为师。舒同表示："你喜欢我的字，我很高兴，但我不赞成拜师那一套，那是封建的东西，我们是革命同志。"后来因长期参与舒同的书法活动，孙志皓是舒同"大弟子"之说不胫而走。孙志皓还是北京舒同书法展的主要组织者之一，亲自征集了大部分展品并主持相关的作品摄影，从中拣选编入《舒同书法集》，并参与了该书的编纂。孙志皓更是一位舒同书法鉴定家，有些持舒同墨宝的人请求鉴定真伪，他总是认真地鉴定后告诉来者。有些迷惑人的赝品，孙志皓能够将何人仿制，书法、落款以及印章之间的微妙关系剖析得一清二楚。遇上从北京高价收购的舒同书法赝品，孙志皓总是劝买者抓紧退字索款，坚决维护舒同墨迹存世的真实性。

舒同指定由孙志皓负责以后，周今才又专程商请孙志皓具体做法，计划手写的范围。一套字模写通用字 7600 余个，繁体字 2000 多个，总共 1 万个左右。1989 年底，北京大学新技术公司副总裁宋再生商请孙志皓先书写舒体行书字模一套 1 万字，历时 40 天。舒体行书字模完成后，孙志皓又书写 1 万

1986 年儿童节，舒同赠西安长缨路小学对联

字的楷书字模，每字 3.5 厘米，历时 35 天。1991 年，孙志皓又为上海字模一厂书写一套舒体楷书字模，每字 4.5 厘米。他前后书写三套舒体字模，约 3 万字，工程浩大。后来，日本又请孙志皓书写一套日语舒体字模。舒体艺术的流布泛及东瀛，是我国书法事业上一件了不起的大事。舒同成为第一位以姓氏命名，而将书体编入电脑的当代书法家，舒体书法更借此而传遍全球。孙志皓手写舒体字模定型输入电脑，得到报纸、杂志编辑的广泛应用和喜爱，大至《人民日报》，小至地方或企业内部发行的各种报刊，乃至楼堂馆所、地名商号牌匾，到处都可见到，被广泛使用。电脑舒体字作为一种装饰字，自然不可能达到作为书法艺术的舒同书法的出神入化，然而，它在使舒体书法装饰化、通用化，并成为一种文化符号服务于社会，使广大公众熟悉、热爱舒体书法方面功不可没，对繁荣发展我国的书法事业也有特殊的意义。

11 月 25 日，中国文联和中国书协联合在人民大会堂举办舒同墨海生涯 80 周年庆祝会。中央军委副主席迟浩田上将在会前特意过来祝贺，老同志方毅、段君毅、彭冲、谷牧，以及文化部部长刘忠德，中

国文联党组书记、常务副主席高占祥，军事科学院政委张工，中国文联副主席、中国书协代主席沈鹏，舒同家人以及首都各界人士 300 多人出席庆祝会。舒同秘书揭晓在会上双手捧着为庆祝舒同 90 华诞 80 年墨海生涯而镌刻的，集孟繁锦的诗、沈鹏题的字、秘书刻的章为一体的艺术品，敬献给舒同夫人，王云飞高兴地说："诗好，字好，印也好，我代表因躺在病榻上不能出席今天庆祝会的舒同首长向你们表示衷心的感谢！"高占祥、沈鹏代表中国文联和中国书法家协会发言，赞扬舒同是国内外享有盛誉的杰出书法艺术家，也是老一辈无产阶级革命家。沈鹏称："在八十年墨海生涯中，他为繁荣和发展我国的书法艺术事业，促进国际文化艺术交流，做出了卓越的贡献。"中国文联执行主席曹禺为舒同题写"一代宗师，吾党之荣"予以祝贺。

上海人民美术出版社出版《舒同书法集》，作为舒同墨海生涯80年的一份厚礼。舒

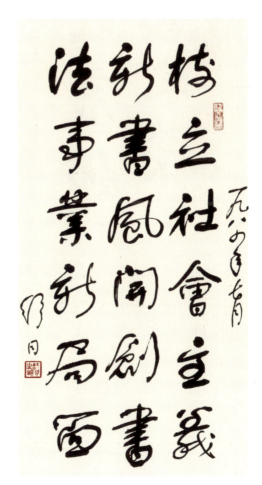

书于中国书协书法展 1984 年

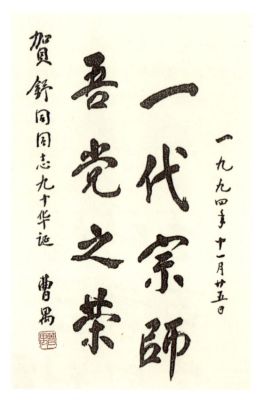

1994 年，文联执行主席曹禺题"一代宗师，吾党之荣"

同一生写了大约2万多幅字，珠玑遍地，但自己却没有留下多少。北京、上海和西安等地搜集来的资料仍然不够，济南军区老同志蒋延庆便将自己拍摄的六个胶卷的舒同在山东的题字，以及自己经过两个月调查、采访20多位熟悉舒同的老干部而撰写的《舒同在山东工作期间的艺术年表》，也寄给上海美术出版社。《舒同书法集》中收录了1926年至1984年舒同书写的90余幅书法作品，有楷书、行书、草书、篆书、"七分半"书，还有他20世纪60年代尝试丹青，留下的《梅》《兰》《竹》《菊》等画作。

舒同博物馆

舒同书法院位于东乡县孝岗镇，坐落在东乡县城繁华地段，始建于 1984 年。1997 年 11 月 25 日是舒同 93 岁华诞，东乡举办首届舒同书法节，将书法院改名为舒同博物馆，将江泽民题词"长征过来人，书坛谱新章"镌到巨石上，立在院中。博物馆藏有 100 余幅舒同书法真迹、大批书画名家赠送的书画精品，以及反映舒同"人生书法两辉煌"的历史文物和珍贵照片，是展示舒同生平事迹以及舒体字发展历

舒同博物馆

史的专题性博物馆。博物馆设有舒同书法陈列馆，一号展厅有舒同半身铜像。博物馆西侧廊嵌有碑刻 10 块，镌刻党和国家部分领导人及省内外书法家的题词。

11 月 25 日至 28 日，在舒同故乡东乡举办了"首届舒同书法艺术节"。江泽民主席专门题词"长征过来人，书坛谱新章"，高度评价了舒同的革命生涯及其在中国书法事业上的贡献。吴官正、姜春云、迟浩田、张震等也分别题词表示祝贺。革命老人夏征农专程从上海赶到东乡，出席艺术节的各项活动。首届舒同书法艺术节举行了舒同博物馆的剪彩仪式，并举办了舒同父子书画展和与舒同共同生活了四十年，李君桐、舒关关、舒均均、舒安的母亲，舒同原妻子石澜所著《我与舒同四十年》的首发式。

石澜在儿子舒关关和舒安的陪伴下专程前来参加活动，并来到迁移至安乐园半山腰的舒同父亲舒仁兴的新墓址，将一束鲜花放在墓碑前，声音颤抖地说："亲爱的父亲，我看您来了，我带您的孙子看您来了。您一人长眠于地下达半个多世纪，而我们又隔了 40 多年才来看您，是我们不孝。您是一位好父亲，您为中国革命事业培养了一位优秀的儿子，舒同同志没有辜负您的愿望，把自己的毕生献给了新中国，如今已卧床不起，不能一同来看望您，我就代他向您请安了。"石澜的话语字字催人泪下，无不渗透着对舒同深厚的感情。

舒同以威望与人格魅力，使书法界团结起来，从而使中国书法家协会得以成立。此前，中国这个书法大国没有自己的学术组织，连书法是不是一门艺术还颇有争议。在中国书协建立以后，舒同领导大家大踏步地展开工作，在组织书法创作、团结书法界人士、开展国际文化交流、提携后进等方面，他做了大量的开拓性工作。

病逝北京

从 1990 年开始，舒同失去自理能力，治疗住院期间，中央主要领导同志多次到医院探望和慰问。1998 年 5 月 27 日，舒同在北京 301 医院病逝。

5月27日，新华社发布舒同逝世消息："中国共产党优秀党员，原中央顾问委员会委员、军事科学院原副院长、中国书法事业的继承和开拓者，中国书法家协会的创始人之一，著名书法大师，中国文联荣誉委员，中国书法家协会名誉主席舒同同志因病于1998年5月27日上午八时在北京不幸逝世，终年九十三岁。"舒同曾当选为中共八届中央委员，一、二、三届全国人大代表，中共十三、十四、十五大特邀代表，十二届中央顾问委员会委员及第五届全国政协常委，获一级红星功勋荣誉章。

舒同"革命加书法"的一生，是为党为革命为人民为军队的建设奋斗的一生，却又始终是普通一兵，是谦谦君子。他革命家的内心又使其总是敢为人先，传奇的一生中有"十个第一"留在身后：故乡东乡县第一任县委书记；八路军总部第一任秘书长；晋察冀边区第一任政治部主任；华东军区第一任政治部主任；华东局第一任宣传部长；我党第一所警察学校 —— 山东警官学校以及华东人民革命大学、陕西共产主义劳动大学三所学校的第一任校长；内定的中共台湾省第一任书记（见匡亚明：《〈舒同书法集〉序》，《舒同书法集》，上海人民美术出版社，1995 年；纪硕鸣：《舒同：内定的"中共台湾省第一任书记"》,《党的建设》2007 年第 5 期等资料);山东省委第一任第一书记;中国书法家协会第一任主席;第一位以姓氏冠名字体输入电脑的书家。

题钟楼画廊"松涛" 1986 年

舒同逝世后,很多老领导、老朋友、老部下以及素不相识者发来唁电或前来吊唁。5 月 28 日早上,第一个来到舒同家中吊唁的是第三野战军老将军张震。谷牧在舒同的遗像前久久伫立,连连叹气。李天佑将军的两个儿子拿出一张舒同与李天佑等人在陕北的合影,并谈到舒同曾为到陕北采访的埃德加·斯诺提供战马,为其采访提供方便。

6 月 5 日上午,首都书法界知名人士举行聚会,追思中国书法家协会创始人之一舒同。与会人士回忆中国书协筹备之初的艰难:"舒同以威望与人格魅力,使书法界团结起来,从而使中国书法家协会得以成立。此前,中国这个书法大国没有自己的学术组织,连书法是不是一门艺术还颇有争议。在中国书协建立以后,舒同领导大家大踏步地展开工作,在组织书法创作、团结书法界人士、开展国际文化交流、提携后进等方面,他做了大量的开拓性工作。第二届书协改选时,舒同力辞主席一职,为中国书法事业发展的绵延有序做出了榜样。他是艺术园地里一个勤劳的种桃人,而不是摘桃者。"与会专家认为:"独特的人生经历,独特的创作方法,造就了中国当代书坛一个独特的现象——舒体。舒同的作品不拘书体，不拘陈法，既有碑的浑厚苍郁，又有帖的风致雅韵，纵横恣肆，真气淋漓。舒体作为电脑标准书体之一，拥有最为广泛的读者。这与舒同的书法艺术观相关。"舒同的书法创作服从于革命，服务于人民，是一代革命者新君子人格的代表。舒同是一位伟大的爱国者，充溢其作品的是凌云意气，千秋笔法。

6月18日上午，舒同遗体告别仪式在北京八宝山革命公墓大礼堂举行，在"沉痛悼念舒同同志"的横幅下面，悬挂着舒同遗像。舒同的亲友以及许多舒体字崇拜者，也不远千里从全国各地专门来京向舒同告别。日本文化交流协会、全日本书道联盟以及新加坡、韩国、法国、美国的舒体书法爱好者发来唁电，送来花圈和花篮，寄托他们的哀悼和思念。中国书法家协会代主席沈鹏送来长联："从疆场作战到夺取政权军内一枝如椽笔，由马背写字而创建书协艺坛元勋树巨碑。"军事科学院敬送挽联："持戟具燕赵雄风征战万里伟业功成山河壮，作书得晋唐神韵自成一家大星陨落动地哀。"

10时许，在悲切低回的哀乐声中，迟浩田、乔石、王光英、布赫、吴阶平、任建新、赵南起、毛致用、经叔平、李德生、谷牧、张震、洪

1998年6月18日，舒同遗体告别仪式在北京八宝山举行

学智、傅全有、于永波、王瑞林等缓步来到舒同遗像前肃立默哀，作最后的告别，并向舒同亲属表示慰问。书法界代表周而复、欧阳中石、谢冰岩、沈鹏、李铎、刘艺、佟韦、谢云、张虎等来到舒同遗像前肃立默哀三鞠躬，向为书法事业继承和发展，为创建书法家协会和开展国内外书法交流做出巨大贡献而饮誉中外的著名书法大师作最后一次告别，并代表书法界为舒同送行。

中国书协顾问谢云代表中国书法家协会在追悼会上致悼词：

舒同同志，你是中国书法家协会的创始人，是中国书协的一面旗帜，光辉其照，引导当代中国书法事业的开拓发展。你辛勤地领导我们耕耘这片书法土地，开辟了新的发展道路，"鞠躬尽瘁 死而后已"。今天这片土地生机勃发，书法热的波涛汹涌着，书法的发展步入成熟而丰饶的进程里，你却辞离我们而去，我们怀念你。

舒同同志，你是当代中国"舒体字"书法的创造者，你的舒体书法创造出一片光灿夺目的艺术佳境。这正是作者对自己精神、人生的塑造，完整雄强的感情世界。人们喜爱你的书法，养育了欣赏者的文化精神品格。你的舒体字又被输入电脑、应用于文化的传播，影响于全社会的知识运用。你是当之无愧的中国当代书法大师，为中国书法事业的发展作出了不朽的贡献。你应当得到安慰，但是你辞离人世了，绝笔了。此刻站在舒体字面前，我们深深地怀念你。

舒同同志，在你的人生革命征程里，你以书法为武器，为革命挥毫泼墨，"倚马见雄风"，你被毛主席称赞为"马背书法家"，你是光彩的、自豪的。字里金光，行间玉润，你用一支笔，一手好字，宣传动员了多少革命同志同心战斗前进啊！

张震（中）专门约见舒关关（右）、舒安（左），
并同意担任舒同研究会顾问

而今天"马背书法家"走了，我们深深地感受你的字挟风霜，翰逸神飞的卓然橡笔的书法风格，我们将继承你的创造遗志，去推进中国书法事业。

舒同同志，你走了，党和人民失去了你这位为革命为社会主义建设服务的人民书法家。但是笔砚留香，你的笔格墨润 —— 舒体书法将遗存于中国书法艺术宝库而永垂日月，高山流水、哲人其萎，我们将在你 —— 当代中国书法大师的旗帜下，继承你的创业伟志，继往开来，繁荣创造，努力把书法事业推向前进。

舒同病重期间和逝世后，得到党和国家领导人以及社会各界人士和书法界的热情关心和亲切慰问。告别仪式在午后举行，京城倾泻暴雨，为一代书法大师送行。

"千秋瀚墨一舒同"，这是百年来空前残酷悲壮辉煌的中国革命史造就的千千万万新君子人格群体中的一员 —— 舒同，在亲身经历了近一个世纪的革命实践的同时，以独特的才情投注书法实践，融汇东西方传统精华，与时代脉搏同步，探索创造出的为广大民众喜闻乐见、雅俗共赏、"有基础，有气度，好看"的舒体书法，成为"时代的代表书风"。在今天的新形势下，更成为我们不忘初心，永在长征路上，开创一带一路，为全人类的明天做贡献提供的宝贵精神力量。

薪火传承，大爱无疆……

参考书目

◎ 舒同:《舒同谈东乡的大革命斗争》,《东乡县文史资料》,1987 年。

◎ 北京大学中国名人丛书编委会编《苦涩的梦》,北方妇女儿童出版社,1990 年。

◎ 舒同:《书法学习的起步》,《人民日报》1982 年 3 月 12 日。

◎ 乐典:《大革命时期东乡县党的建立和斗争》,《江西文史资料选辑》第 11 辑,1982 年。

◎ 石澜:《我与舒同四十年》,陕西人民出版社,1997 年。

◎《东乡县 1926—1927 年革命斗争概况》(初稿)。

◎ 舒同:《书法是我参加革命活动的伴侣》,《东乡县文史资料》第三辑。

◎ 王云飞主编《舒同书法集》,文物出版社,2005 年。

◎ 周硕寰:《舒同的脚印》,新蕾出版社,1985 年。

◎ 冯都:《舒同与毛泽东的翰墨情缘》,《世纪风采》2008 年第 5 期。

◎ 王东溟主编《开国领袖毛泽东与山东》,山东人民出版社,2009 年。

◎ 王宗槐:《王宗槐回忆录》,中国人民解放军出版社,1995 年。

◎ 人民出版社编《中国工农红军第一方面军长征记》,人民出版社,1955 年。

◎ 舒同:《英勇顽强的"勇"部》,《战士》1935 年 5 月 20 日。

◎ 聂荣臻:《聂荣臻回忆录》,中国人民解放军出版社,1983 年。

◎ 毛泽东:《毛泽东选集》,人民出版社,1991 年。

◎ 中共宁夏回族自治区委员会党史研究室、中国人民解放军宁夏军区政治部编著，李德明执笔《红军西征》，宁夏人民出版社，1993年。

◎ 吴敬贤：《舒同在旬邑》，《旬邑文史》第4辑，1991年。

◎ 舒同：《永远不灭的光辉》，《抗敌三日刊》1940年1月4日。

◎ 魏巍编著《聂荣臻传》，当代中国出版社，1994年。

◎ 刘肖芜：《四年间——致胡可》，刘佳、胡可等著《抗敌剧社实录》，军事译文出版社，1987年。

◎ 舒同：《晋察冀建军中建党工作的经验》，《共产党人》第13期。

◎ 舒同：《晋察冀军区抗战三年来政治工作概况》，《八路军军政杂志》第2卷第11期。

◎ 聂荣臻、舒同：《致东根清一郎书》，《抗敌报》1939年9月17日。

◎ 林青：《舒同人生二三事》，《党史文汇》2007年第11期。

◎ 舒安：《红军书法家——纪念我的父亲舒同》，《华东革大人》，上海锦绣文章出版社，2009年。

◎ 黄瑶主编《罗荣桓年谱》，人民出版社，2002年。

◎ 姚明：《在舒同同志家里》，《路》，中国展望出版社，1986年。

◎ 王力：《漫谈舒同》，《传记文学》1995年第12期。

◎ 舒同：《难忘的九年——怀念陈毅同志》，《峥嵘岁月》，军事科学出版社，1985年。

◎ 陆一波：《在解放大上海的枪炮声中诞生》，《印痕·解放日报创刊60周年版面集粹》，上海三联出版社，2009年。

◎ 林路：《舒同与解放日报》，1991年9月22日。

◎ 朱洁斋：《怀念舒同老首长》，《华东革大人》，上海锦绣文章出版社，2009年。

◎ 舒同：《一所培养革命干部的政治学校》，《中国共产党干部教育研究资料丛书》第四辑，中国人民大学出版社，1989年。

◎ 舒关关：《翰墨惊天地，热血泣鬼神——怀念我的爸爸舒同》，《大众日报》1998年7月10日。

◎ 舒同：《治学如治兵》，《学人谈治学》，浙江人民出版社，1982年。

◎ 舒同：《我的检讨和交代》（初稿），1967年2月14日，舒安提供。

◎ 徐国强：《健笔凌云任纵横》，《舒同百年纪念文集》，中国文史出版社，2005年。

◎ 孙志皓：《学写舒体字的一些粗浅体会》，《舒同百年纪念文集》，中国文史出版社，2005年。

◎ 舒同：《过秦岭》，《延河》1963年第8期。

◎ 舒同：《春日汉江东渡》，《延河》1963年第8期。

◎ 舒同：《过界岭》，《延河》1963年第8期。

◎ 舒同：《难忘的九年——怀念陈毅同志》，《峥嵘岁月》，军事科学出版社，1985年。

◎ 舒关关：《舒同将军与书法艺术》，《解放军艺术》1985年第3期。

◎ 冯军：《怀念舒同》，《陕西电力报》2005年12月14日。

◎ 舒均均：《回忆父亲舒同》，《文史参考》，2011年第6期。

◎ 鲁勇：《我记忆中的舒同》，《舒同百年纪念文集》，中国文史出版社，2005年。

◎ 舒同：《献给专案组的新年贺词》，《文汇读书周报》1994年12月3日。

◎《舒同同志生平》，《人民日报》1998年6月19日。

◎ 何裁：《冤假错案是这样平反的》，中共中央党校出版社，1999年。

◎《中共山东省纪念大事记》（1978～1994），黄河出版社，1997年。

◎ 舒同:《迎春》,《人民日报》1980 年 2 月 14 日。

◎ 舒关关:《革命家 · 书法家 —— 介绍中国书法家协会主席舒同同
志》,《文化娱乐》1983 年第 11 期。

◎ 佟韦:《怀念舒同先生二三题》,《舒同百年纪念文集》,中国文史
出版社,2005 年。

◎ 舒同:《一衣带水,书道同文》,《社会科学战线》1981 年第 3 期。

◎ 舒同:《团结起来,继承和发扬我国书法艺术传统,为人民服务》,
《中国文艺年鉴 1981》,文化艺术出版社,1981 年。

◎ 中国书法家协会:《继往开来的一代宗师 —— 纪念舒同诞辰一百
周年》,《纪念舒同》,军事科学出版社,2009 年。

◎ 舒安:《热血与翰墨 —— 纪念我的父亲舒同》,《纪念舒同》,军
事科学出版社,2009 年。

◎ 杨堤:《拜师舒同十六年》,《舒同百年纪念文集》,中国文史出版
社,2005 年。

◎ 沈鹏:《在舒同墨海生涯八十周年庆祝会上的讲话》,《沈鹏书画
谈》,人民美术出版社,1997 年。

◎ 王小林:《舒同石澜殷殷不了情》,《大江周刊》2002 年第 17 期。

◎ 曲志红、邵建武:《首都书法界追思著名书法家舒同》,《人民日
报》1998 年 6 月 6 日。

◎ 舒安:《告慰与寄望》,《纪念舒同》,军事科学出版社,2009 年。

◎ 徐红梅:《重温舒同》,《人民时政》2006 年 1 月 22 日。

◎ 宋志成:《舒同与吴敬贤墨缘五十年》,《今日名流》1996 年第 10 期。

◎ 邓拓:《抗敌报五十期的回顾与展望》,《邓拓文件》第 1 卷,人民
出版社,1986 年。

◎ 黄克诚:《黄克诚回忆录》,中国人民解放军出版社,1989 年。

◎ 刘天野：《李天佑将军传》，中国解放军出版社，1993年。

◎ 刘贯一：《忆我军对吴化文部的争取工作》，中国人民解放军历史资料丛书编审委员会著《解放战争时期国民党军起义投诚·鲁豫地区》，中国解放军出版社，1995年。

◎ 舒安：《舒天地正气，同苍生希冀——对父亲舒同及其书法艺术的感悟与宏扬》，王云飞主编《舒同书法集》，文物出版社，2006年。

◎ 陈冰：《怀念舒同》，陈继亮编《陈冰文稿选集》，天津人民出版社，2011年。

◎ 陈伯钧：《七大日志》，《七大代表忆七大》，上海人民出版社，2006年。

◎ 舒安：《父亲留下的遗产》，《中国文化报》1998年第6期。

◎ 王庚吉：《舒同书法字汇》，黄河出版社，2014年。

◎ 杨斯德：《北线第一个大胜利》，《国民党军起义投诚（沪苏皖浙赣闽地区）》，解放区出版社，1994年。

◎《华东人民革命大学校史》编写组编《华东人民革命大学校史》，华东师范大学出版社，1989年。

◎《华东革大人》编委会编《华东革大人》，上海锦绣文献出版社，2009年。

◎《红霞满天》编委会编《红霞满天》，（香港）天马出版社有限公司，2015年。

本书根据我与家人及亲朋同志的回忆、文章、史料综合写成，很多资料由王建华、谢一彪、刘茂林、宋如新、钱吉虎、焦野、孟繁俊、张云礼、谢继祥、嵇丰兴等收集、整理、编纂提供，在此专致谢忱。

舒安